改革开放进程中的经济学家学术自传

张卓元　高培勇　主编

乌家培学术自传

乌家培◎著

ACADEMIC AUTOBIOGRAPHY OF WU JIAPEI

SPM

南方出版传媒

广东经济出版社

·广州·

图书在版编目（CIP）数据

乌家培学术自传/乌家培著. —广州：广东经济出版社，2019.12
（改革开放进程中的经济学家学术自传）
ISBN 978-7-5454-6943-1

Ⅰ. ①乌… Ⅱ. ①乌… Ⅲ. ①乌家培—自传 Ⅳ. ①K825.31

中国版本图书馆CIP数据核字（2019）第237565号

出 版 人：李　鹏
责任编辑：梁雪莹　刘亚平
责任技编：陆俊帆

乌家培学术自传
WUJIAPEI XUESHU ZIZHUAN
乌家培 著

出版发行	广东经济出版社（广州市环市东路水荫路11号11－12楼）
经销	全国新华书店
印刷	恒美印务（广州）有限公司 （广州市南沙经济技术开发区环市大道南路334号）
开本	787毫米×1092毫米　1/16
印张	10.75
字数	116千字
版次	2019年12月第1版
印次	2019年12月第1次
书号	ISBN 978-7-5454-6943-1
定价	80.00元

广东经济出版社网址：http://www.gebook.com 微博：http://e.weibo.com/gebook
图书营销中心地址：广州市环市东路水荫路11号11楼
电话：（020）87393830 邮政编码：510075
如发现印装质量问题，影响阅读，请与承印厂联系调换
广东经济出版社常年法律顾问：胡志海律师

《改革开放进程中的经济学家学术自传》丛书

编辑委员会

《改革开放进程中的经济学家学术自传》丛书分册名录

（按姓氏音序排列）

1.《白重恩学术自传》
2.《蔡昉学术自传》
3.《常修泽学术自传》
4.《陈东琪学术自传》
5.《陈锡文学术自传》
6.《迟福林学术自传》
7.《樊纲学术自传》
8.《范恒山学术自传》
9.《房维中学术自传》
10.《高培勇学术自传》
11.《高尚全学术自传》
12.《郭克莎学术自传》
13.《洪银兴学术自传》
14.《黄达学术自传》
15.《黄群慧学术自传》
16.《贾康学术自传》
17.《江小涓学术自传》
18.《金碚学术自传》
19.《李实学术自传》
20.《李晓西学术自传》
21.《厉以宁学术自传》
22.《林兆木学术自传》
23.《刘诗白学术自传》
24.《刘世锦学术自传》
25.《刘树成学术自传》
26.《刘伟学术自传》
27.《马建堂学术自传》
28.《彭森学术自传》
29.《宋晓梧学术自传》
30.《田国强学术自传》
31.《王梦奎学术自传》
32.《王一鸣学术自传》
33.《魏杰学术自传》
34.《魏礼群学术自传》
35.《乌家培学术自传》
36.《吴敬琏学术自传》
37.《杨瑞龙学术自传》
38.《张军学术自传》
39.《张军扩学术自传》
40.《张晓山学术自传》
41.《张燕生学术自传》
42.《张宇燕学术自传》
43.《张卓元学术自传》
44.《赵人伟学术自传》
45.《郑新立学术自传》
46.《周叔莲学术自传》

总 序

Preface

盛世出华章。中国的改革开放是一场波澜壮阔、前无古人的伟大社会变革，也将是世界经济发展史上的瑰丽篇章。中国经济学家在这场伟大变革中，或贡献了智力，或参与了实践，无论是参政建言还是学术构建，均厥功甚伟。

在我们先后迎来改革开放40周年和中华人民共和国成立70周年之际，为了记录并彰显中国经济学家的历史贡献，为中国特色社会主义事业进一步发挥智慧的力量和作用，同时借以勉励后学筑梦前行，我们组织并编辑了这套《改革开放进程中的经济学家学术自传》丛书。

这套丛书的出版设想，最初由广东经济出版社提出。在此之前，得力于中国社会科学院经济研究所张卓元教授等的大力支持，该社曾于2009年编辑出版《影响新中国60年经济建设的100位经济学家》丛书。那套丛书产生了良好的社会反响，也获得了较高的学术评价。弹指一挥间，又是一个十年，共和国迎来了70华诞，改革开放也逾40周年。在这样一个特殊的背景下，广东经济出版社邀请张卓元教授和高培勇教授领衔，由《经济研究》编辑部具体负责，组织、编辑一套集中反映改革开放进程中的经济学家学术探索和心路历程的丛书。

认识到这是一件颇具眼光、很有意义的事情，于是，便有了读者眼前这套《改革开放进程中的经济学家学术自传》丛书编辑出版工作的启动。

中国经济改革与发展的伟大实践，为中国经济学家的成长提供了肥沃的土壤。要从这些灿若繁星的经济学家中推选出大家比较公认的富有影响力的经济学家，并不容易。怎样推选？推选多少？具体标准是什么？如何约稿？丛书的体例又该如何把握？这一系列相关问题接二连三地提至我们面前。

为此，在初步拟订编辑出版方案的基础上，由张卓元教授和高培勇教授主持，邀请部分专家召开了小范围的论证会议，就组建丛书编辑委员会以及丛书编辑出版的一系列相关问题听取意见，进一步完善方案。

紧跟着，2017年6月25日，丛书编辑委员会会议在北京举行。出席会议的委员共有19位（按姓氏音序排列）：白重恩、常修泽、陈东琪、陈锡文、迟福林、高培勇、郭克莎、黄群慧、金碚、李晓西、刘伟、彭森、宋晓梧、田国强、魏礼群、吴敬琏、张军扩、张燕生、张卓元。因故请假、提供书面意见的委员有10位（按姓氏音序排列）：蔡昉、曹远征、贾康、李实、李扬、厉以宁、林毅夫、刘世锦、钱颖一、张军。

这次编辑委员会会议就如下一些重要问题形成了高度共识：

第一，关于丛书的意义。委员们高度认可丛书的编辑出版工作，认为这是一项富有重要历史和现实意义的出版工程。

第二，关于丛书入选者的标准和数量。委员们认为应本着宁缺毋滥、质量为先原则，以对改革开放事业的某个特定领域做出实质性贡献或产生实质性影响的经济学家为重点，入选者宜掌握在60位左右。

第三，关于丛书的体例。基于凸显学术价值和史料价值的考虑，委员们认为学术自传宜涵盖作者的学术成长历程、作者对改革开放事业某个特定领域的研究成果和学术贡献、作者对特定领域改革前景的展望等方面内容。

第四，关于丛书的读者对象。委员们认为应主要面向青年学者以及学生，谈人生经验、述理想情怀，激励广大青年学者和学生确立奋斗的目标、发展的方向和成功的路径。

第五，关于丛书的文风。委员们主张学术自传应具有较强的理论性、学术性，同时文笔流畅、深入浅出，具有一定的可读性。

在经过充分讨论形成的候选经济学家名单基础上，与会委员按照获得半数以上多数票入选的规则，以无记名投票方式表决确定了65位入选者。

会议还决定，请因故请假的委员继续对候选经济学家名单通讯投票，并根据此项流程的统计结果，提请全体编辑委员会委员再进行一次通讯评审，最终确定丛书入选者为68位。

由此产生的《改革开放进程中的经济学家学术自传》丛书入选作者为（按姓氏音序排列）：白重恩、蔡昉、曹远征、常修泽、陈东琪、陈清泰、陈锡文、迟福林、樊纲、范恒山、房维中、高培勇、高尚全、郭克莎、郭树清、韩俊、洪银兴、华生、黄达、黄群慧、贾康、江小涓、金碚、李剑阁、李京文、李实、李晓西、李扬、厉以宁、林毅夫、林兆木、刘国光、刘鹤、刘诗白、刘世锦、刘树成、刘伟、隆国强、楼继伟、马建 堂、彭森、 钱颖一、宋晓梧、田国强、王梦奎、王一鸣、魏杰、魏礼群、乌家培、吴敬琏、吴晓灵、杨启先、杨瑞龙、易纲、余永定、张军、张军扩、张维迎、张晓山、张燕生、张宇燕、张卓元、赵人伟、郑新立、周其仁、周叔莲、周小川、朱玲。

在确定入选者名单之后，《经济研究》编辑部立即展开了组稿工作，共有46位入选者接受约稿。在这一过程中，入选的经济学家或其家属、秘书、好友等，对我们的工作给予了热情的支持，在百忙之中积极准备所需要的文献，其认真精神令人感动。应该说，没有他们的积极响应和大力支持，这套丛书是难以按时按质完成的。

由于入选的经济学家大多是名人、忙人，有一部分老作者也已年届九十高龄，约稿的工作量及其难度可想而知。一些作者提出暂不能写作，这多少令我们感到些许遗憾。其间也有许多感人的情景要告诉读者们：常修泽先生于2018年夏天在吉林延边的一个小镇闭门两三个月专事自传写作，在整个写作过程中数十次与编辑部和出版社沟通，包括内容完善、结构设计和一些合理性建议等诸多细节，并且在约定期限内交稿给编辑部；九十五岁高龄的黄达教授在写作过程中十余次通过电话或电子邮件与编辑部讨论写作重点和风格；乌家培、林兆木、王梦奎等老先生也是不厌其烦，反复就文字沟通润色；周叔莲先生在去世前一周还给编辑部打电话，告诉编辑自己已经基本完成了书稿的写作，并详细介绍了自己的写作过程和感想，我们至今忆此仍为之动容。在这些难得的沟通中，我们一次次被感动。

随着此套丛书的陆续编辑出版，我们越来越强烈地体会到了这项工作的意义和价值：

入选这套丛书的作者，系改革开放进程中的经济学家，他们的知名度较高，社会影响较大。这套自传体丛书，是对他们的代表性研究成果、学术贡献、成长历程及人格魅力的一个集中展示。对于广大读者特别是青年学子来说，这无疑是一个难得的学习、了解我国经济理论和现实问题的机会。

这些经济学家在各自的学术领域都是佼佼者或领军者，他们学术素养深厚、学术成就卓越。他们在自传中大多以第一人称娓娓道来，讲述了自己的家国情怀与学术成长经历，为记录我国改革开放历程留下了第一手资料。从经济史和思想史的角度看，这应该是非常有史料价值的研究文献。

众多大家的纸上风华，既映射出中国改革开放40多年取得的巨大成就，也是对中国改革与发展经验比较系统的总结。正如习近平总书记所指出的："从我国改革发展的实践中挖掘新材料、发现新问题、提出新观点、构建新理论，加强对改革开放和社会主义现代化建设实践经验的系统总结，加强对发展社会主义市场经济、民主政治、先进文化、和谐社会、生态文明以及党的执政能力建设等领域的分析研究，加强对党中央治国理政新理念新思想新战略的研究阐释，提炼出有学理性的新理论，概括出有规律性的新实践。这是构建中国特色哲学社会科学的着力点、着重点。"应该说，本套丛书的作者们用生动而精彩的人生与学术追求，践行了这一重要要求。

这套丛书的编辑出版与《经济研究》编辑部各位同仁的努力也是分不开的。他们通过电话、短信和邮件等方式不断地与作者或其家人、秘书等进行沟通。参加组稿和审稿工作的人员有:郑红亮、刘霞辉、张永山、唐寿宁、王利娜、谢谦、金成武、孙三百、陈小亮、欧宏、王红梅、刘莹、曹帅。

广东经济出版社的领导和编辑在本丛书的出版过程中也做了大量的工作，正是有了他们的努力，这套丛书才能得以顺利与读者见面。

特别值得一提的是，这样一套组织工作浩繁的大型丛书，见证了《经济研究》编辑部与广东经济出版社值得称道的团队合作精神。编辑部的张永山、王红梅同志和广东经济出版社的编辑团队从始至终为丛书的组织沟通、约稿、文稿整理付出了大量的心血，他们的耐心和一丝不苟的敬业精神令人称道。

这套丛书就此付梓了，回望中国改革开放的辉煌岁月，携手丛书作者对祖国的拳拳心路与期待，我们略感欣慰！但由于时间仓促，加之我们的水平有限，书中的不足和错误之处在所难免，敬请广大读者批评指正。

《改革开放进程中的经济学家学术自传》丛书编辑委员会

2019年10月

作者简介

乌家培

1932年生，浙江宁波人，经济学家，中国数量经济学和中国信息经济学的开拓者和倡导者。1955年毕业于东北财经大学统计系。

1955年至1982年，在中国科学院（后为中国社会科学院）经济研究所任研究实习员、助理研究员、副研究员、研究员，曾为数量经济研究室主任。其中，1980年至1982年为美国宾夕法尼亚大学经济系访问学者。1992年至1993年期间，应邀赴日本大阪大学社会经济研究所任客座教授。1985年至2002年任国务院学位委员会第二届经济学学科评议组成员，第三届、第四届应用经济学学科评议组成员。国家自然科学基金委员会管理科学部第一届、第二届专家咨询委员会委员。

长期从事经济数量关系及其变化规律研究，率先推动全国经济预测和宏观调控研究；致力于信息的经济研究、信息经济的研究、信息与经济间关系的研究，最早提出正确处理信息化与工业化的关系，以及发展电子商务、电子政务的重要性。出版了《经济数学方法研究》《经济信息与信息经济》《信息社会与网络经济》等10多部专著，主编、编著、翻译其他著作10多部。前三项成果先后于1985

年、1992年、2003年获孙冶方经济科学奖、国家计委科技进步奖、第六届国家优秀图书奖。在前述两门学科研究的基础上，倡导从研究方式、方法和组织方面对经济研究进行革新，还倡导在经济科学与自然科学之间建立联盟关系。

1979年创建中国数量经济学会，1982年筹建中国社会科学院数量经济技术经济研究所，并创办《数量经济技术经济研究》杂志，1984年、1986年在中国社会科学院建立全国第一个数量经济学专业硕士点、博士点，培养了一大批人才，被日本学者矢吹晋称为“中国从事数量经济学研究第一人”（《日中经济协会会报》1985年第7期）。1989年创建中国信息经济学会。

曾任国家信息中心总经济师、副主任，兼任信息经济与技术研究所（原名“信息科学与应用研究所”）所长，曾为国家信息化办公室专家委员会委员。1990年至今先后任中国信息协会副会长、特约副会长。自2001年起，应邀至华侨大学任特聘教授，任经济与金融学院、工商管理学院名誉院长，为数量经济学、企业管理两个专业的博士研究生上课、开讲座，指导论文写作。不久又应邀至江西财经大学任信息管理学院名誉院长，在此前后，还曾任中国社会科学院第二届、第三届学位委员会委员，清华大学现代管理研究中心学术委员会委员，吉林大学数量经济研究中心学术委员会主任，以及清华大学、中国人民大学、南京大学、复旦大学、中国科技大学、同济大学、中山大学、西安交通大学等40多所高等院校不同期限或长期的兼职教授、特邀教授、客座教授、顾问教授、名誉教授等。

乌家培学术自传

目录

壹　学术领域与学术轨迹概述　/ 1

贰　主要学术工作与成果　/ 9

一　创建数量经济学，为我国经济研究和管理工作运用数学方法与计算技术开辟道路　/ 10

二　创建信息经济学，为我国经济加强信息作用，发展信息经济（数字经济），消除信息非对称对经济活动产生的影响　/ 31

三　推动管理科学的发展，关注从自然科学奔向社会科学的强大潮流，提倡社会科学与自然科学联盟，重视交叉科学的发展　/ 53

四　改革开放前夕的舆论宣传，改革开放初期的实地调查，改革开放全过程的回顾与见证　/ 64
五　为本学科内他人写书作序，为本专业研究生做学术报告，为参加国际学术会议提交学术论文　/ 72
六　党的十九大吹响中国由大变强新号角所引发的新思考　/ 78

叁　学术体验　/ 83

附　录　/ 91

第一篇　经济及其研究的数量化与信息化　/ 92
第二篇　与时俱进的经济学与管理学　/ 141

后　记　/ 157

壹

学术领域与学术轨迹概述

我的学术领域主要是数量经济学和信息经济学，我研究这两门学科主要是在20世纪80—90年代。我对数量经济学的研究，虽然从20世纪60年代初期就开始了，但是受各种外来因素的影响，直到改革开放开始时，才有正规的研究，而1998年，我年满66岁就退休了，已无研究的条件了，数量经济学和信息经济学在当时都是新兴的交叉学科和边缘学科，但在我国学术界处于一片空白的状态。我竭尽全力，在开拓和倡导该学科方面起到了一定的作用。我先后于1979年创立中国数量经济学会和1989年创立中国信息经济学会，两个学会创立之初都由我任理事长。依靠全国性学术团体的力量来推动数量经济学和信息经济学这两门新学科的发展。上述两个全国性学会的成立，都被载入了“20世纪中国经济学大事记”①。

我对数量经济学的研究是领导交办的任务，颇有“计划经济”产物的意味。时任中国科学院经济研究所所长孙冶方1959年访问苏联归国后上报党中央，要开展经济数学方法（全称为“在经济研究和计划工作中运用数学方法和电子计算机”）研究。为此成立了一个3人研究小组，我任组长。我提出“学习、宣传、研究”六字方针。20世纪70—80年代，时任中国社会科学院经济研究所所长许涤新，领导编制全国经济学3年（1978—1980）、8年（1978—1985）中长期规划，要把经济数学方法作为重点学科来发展。在编制规划过程中，我感到经济数学方法这个名称与其他学科相比，不

① 张卓元、厉以宁、吴敬琏：《20世纪中国知名科学家学术成就概览（经济学卷）》（第二分册），科学出版社，2014。

像是学科名，更像是领域名，于是就向时任中国社会科学院副院长于光远谈及了这一点，他指示我召集全国经济学界、数学界、管理学界、工程技术界近30名学者，共同商讨后，最终由于光远决定改用“数量经济学”这一命名。之后，我提出了数量经济学的研究对象、研究任务和研究方法。

我认为，数量经济学是研究经济数量关系及其变化规律性的，经济量有单个量、复合量、综合体系量（如经济数学模型内各变量和参数的集合）等，经济问题没有不能量化的，只有一时还无能力加以量化的。同时，数量经济学在经济学体系中的地位犹如数学在整个科学体系中的地位，当数学用到经济研究后，还可有新的叫法，如优选法、统筹法等。我们向苏联学习，也向美国学习，学习不是照抄照搬，而要去伪存真、洋为中用，我们始终坚持，以马克思主义经济理论为指导，走中国独立自主的研究道路，既反对害怕、拒绝数学方法的“数学恐惧症”，又反对滥用、错用数学方法的“数学狂妄症”，在经济研究和经济工作中，正确运用数学方法和计算技术，还要批判西方资产阶级庸俗经济学的一切观点。我认为，定性研究很重要，定量研究也很重要，两者应结合起来，用后者去补充和深化前者。数量经济学的研究和应用不仅能推动和加强经济学的实证研究和经验研究，而且会促进计划统计工作以及其他经济管理工作的准确性和现代化。

我们研究数量经济学，首先是从分析两大部类相互依存关系、国民经济各部门间经济数量联系（包括直接联系和间接联系）开始的，至20世纪80年代，由于国务院领导的支持，全国从中央到地方，从国家到企业，一度掀起了编制和分析各种类型投入产出表的热潮。20世纪90年代前后在学界又出现了研制和应用经济数学模型尤其是经济计量模型的高潮。数量经济学除用于经济结构分析外，还用于经济预测和政策评价（或叫政策分析），当时我国政府部门、研究机构纷纷成立了经济预测中心，经济预测分析报告日益增多。数量经济学连同经济控制论以及经济周期理论共同构成宏观经济调控的理论基础，宏观经济调控主要是用货币政策与财政政策这两个工具变量，通过紧与松相搭配的各种组合，如双紧、双松、一紧一松、一松一紧、不紧不松等，逐步逼近增长率、通胀率、失业率等目标变量的既定目标所做的分析评价，进而据以缓解政策压力以至改变政策方向或控制政策变化。我对宏观经济调控做了较多的研究，与他人合著《宏观经济控制论》[①]，并对20世纪80年代较严重的通货膨胀提出过综合治理方案。对数量经济学的发展，我不时地提出自己的看法，如主抓应用数量经济学时不能忽视理论数量经济学的重要性，在以宏观数量经济学为重点时，还应关注微观数量经济学，如企业数量经济学研究，录用数量经济学论文时，以问题导向的论文为主，也应适当增加方法导向的论文。

我还对21世纪我国数量经济学的发展做过展望，提出过战略方向和战术实施等建议。我认为，未来数量经济学的发展重在应用，贵在人才。回头看，我国最早研究数量经济学的三位成员中，有一位因怕自己研究不了经济学很早就离我们而去了，另一位则转向专心研究数量经济学，取得了较

① 乌家培：《宏观经济控制论》，辽宁人民出版社，1990。

2009年10月1日与夫人傅德惠女士金婚纪念照

大的成就，他曾是我得力的合作伙伴，在我的带动下也曾完成过信息经济学方面的研究课题，其成果还是由我主评的。日本一位学者矢吹晋在《日中经济协会会报》（1985年第7期）撰文谈中日经济学界学术交流，他的标题就是《中国从事数量经济学研究第一人乌家培》，这个提法与我国数量经济学发展的历史事实还是相符的。

研究信息经济学是我自己选中的，颇有"市场经济"产物的意味。1986年下半年，组织上把我从中国社科院数量经济技术经济研究所调到国家计委（现名国家发改委）国家经济信息中心（现名国家信息中心）工作，任总经济师兼信息科学与应用研究所所长。我见到该中心主任张寿时向他反映，我对信息科学不熟悉，叫"信息科学与应用研究所"文法也不通，应该是"信息科学及其应用研究所"，他回答说上级已经批下来了，所的图章也刻好了，是个局级单位，不好改了。后来，我去访问钱学森同志，他是该中心的顾问，他同意我的意见，认为信息科学含义太宽泛，到底是计算机科学，是电信科学，还是信息论科学，极不明确。钱老说："你是研究经济的，改为信息经济与技术研究所也好。"因为信息经济与IT（信息技术）是紧密相连的。当我把钱老的意见上报后，中心和计委的领导都同意把所名改过来，并刻了新的图章。我随后在中心工作时出版的第一本著作就叫《经济信息与信息经济》[①]，从此我在研究数量经济学的同时开辟了另一个新的研究领域，即信息经济学。

① 乌家培：《经济信息与信息经济》，中国经济出版社，1991。

在中国信息经济学会成立的大会上，我把信息经济学定义为信息的经济研究、信息经济的研究、信息（非对称性）与经济（市场行为、企业管理等）关系的研究，这三者的综合。我最先研究信息作为资源的重要性，它不亚于物质资源和能量资源的重要性，正如邓小平同志所说的，我们要“开发信息资源、服务四化建设”。我同时还研究信息作为商品的价值、使用价值、价格形成、信息市场与信息贸易等诸多问题，我建议把信息市场列为重要的要素市场之一。

我把信息经济分为信息产业经济和信息社会经济两个范畴，先研究信息技术及其产业化发展，信息产业包括芯片、软件、计算机、手机、电信等制造业和服务业，信息产业是为其他产业服务的产业，信息经济发展的高级形态有知识经济、智能经济、智慧经济等。信息社会经济是信息社会所有经济的总和，我在国内最先提出信息社会的概念，通过中国信息协会建议把电子部和邮电部合并成立信息产业部，这一度成了事实。我还通过中国信息经济学会与其他同志一起组成“信息社会50人论坛”，并在早期参加过几次活动。

与物质不灭、能量守恒不同，信息具有非对称性。美国、英国等国家的几位诺贝尔经济学奖得主把信息非对称性引起市场行为产生逆向选择、道德风险导致市场机制失效，为弥补其缺陷所提出的柠檬理论、信号理论、信息甄别理论以及在企业管理中为克服委托方与代理方之间信息非对称而导致管理受阻所提出的“委托代理理论”，统称为理论信息经济学，我对此有所学习和研究，通过与他人合编教科书和单独为经济大百科撰写词条，来推广和普及这部分信息经济学知识。

1990年，中国信息协会成立后，我任副会长长达十多年，这段时间里我通过主持信息化论坛，广泛研究信息化诸多问题，提出要全面推进国民经济和社会信息化，从企业信息化到政府信息化，从城市信息化到区域信息化以至全球信息化，探讨中国特色信息化道路和信息化战略。我在国内率先研究电子商务和电子政务以及两者之间的关系；还研究了工业化与信息化的相互关系，提出工业化推动信息化，信息化引领工业化，并与他人合作研究这两化的深度融合问题。对经济研究信息化问题我也发表过意见，阐述了信息革命对经济学发展所产生的巨大影响。随着5G移动通信即将实现，特别是人工智能的迅猛崛起，不仅人与人之间能互联互通，而且物与物之间、人与物之间也将互联互通了，移动支付、网络约车等新事物层出不穷，在这种情况下，信息经济学要研究的问题不胜枚举，我的研究只是沧海一粟，微不足道，长江后浪推前浪，希望寄托在广大的年轻学者身上。

我先研究数量经济学，后又研究信息经济学，这不是偶然的。在研究数量经济学时，我发现数据是基础，信息是关键。数据的质量决定模型的成败，如果投入模型的数据是垃圾，那么模型产出的结果也只能是垃圾，所谓“Garbage in, garbage out”。在分析模型的结果并由此提出对策建议时，如果缺乏足够的、可靠的信息，那么就会无的放矢，甚至造成恶劣的影响。而研究信息经济学反过来又要借助数量经济学及其提供的方法。如信息经济的测量、信息效率的计算、数字鸿沟的描述等。国内已有不少学者，像我一样既研究数量经济学，又研究信息经济学，并取得了一定的成就，他们往往同时是中国数量经济学会和中国信息经济学会的重要成员。

贰

主要学术工作与成果

一　创建数量经济学，为我国经济研究和管理工作运用数学方法与计算技术开辟道路

现在，随便打开一本经济学期刊，有时会以为是打开了一本数学期刊，当代经济学论文里面充满了各种数学方法、各种数学模型，经济学的数学化已经成了当今经济学的主流。而经济学也因为数学化，在众多的社会科学中脱颖而出，成为当前社会科学中的“显学”，并且成就了“经济学帝国主义”，使得经济学研究方法不断渗透到政治学、社会学等其他社会学科。这一切都说明，经济学的量化分析，或者说经济学的数理化，已经成为当今经济学发展的一种潮流。

现代经济学进入20世纪，迎来了快速发展阶段，出现了凯恩斯的宏观经济学革命、发展经济学的兴起等，而在方法上，则是贯穿整个经济学的数理革命。用数学方法探讨经济学并应用于国民经济，已经成为20世纪经济学发展的主流。20世纪20—30年代，拉格纳・弗里希（Ragnar Frisch）、简・丁伯根（Jan Tinbergen）以及劳伦斯・克莱因（Lawrence R.Klein）开创了计量经济学，华西里・里昂惕夫（Wassily Leontief）在20世纪30年代初期开始就进行投入产出法的研究工作，而20世纪40—50年代，约翰・冯・诺依曼（John Von Neumann）、奥斯卡・摩根斯特恩（Oskar Morgenstern）以及约翰・纳什（John Nash）在博弈论方面做出了划时代的贡献。可以说，20世纪经济学的数量革命，掀开了经济学发展的新篇章。

1949年中华人民共和国成立，国家百废待兴，国民经济建设急需现代经济理论的指导和实施。当时在经济研究和计划工作中运用数学方法和计算技术，是一个新的研究领域，也是我国经济科学领域的一个空白。如何把国际上主流的数量方法引入中国经济学的研究中来，并在实践中与我国经济实际情况相结合，指导我国国民经济发展，成为我们经济研究中的迫切需要，是新中国成立初期一批经济学家的使命和任务。

然而，由于特殊时期的影响，我国经济研究耽搁了下来，直到20世纪80年代末，我国的数量经济学才真正开始发展。在我国数量经济学的创立和发展过程中，我有幸成为这项工作的主要承担者，创建了我国的数量经济学，为我国经济研究的现代化，以及我国经济研究和管理工作中运用数学方法与计算技术开辟了道路，也为我国经济研究迅速跟上时代的步伐，融入国际经济研究的主流中，做了一些基础性工作。

1. 发轫之作——《经济数学方法研究》

早在1959年，我国经济学界的老前辈孙冶方先生就倡导要开展经济数学方法的研究。当时，在经济研究所的国民经济平衡组内设立了经济数学方法小组。这是一个新的领域，也是我国经济科学的一门空白学科。我和另外一位同志自行“学习、宣传、研究”经济数学方法，同时到中国科学技术大学学习数学。我研究社会再生产、两大部类数量关系、各部门间的关系，产生了一定影响，就连中国人民大学计划系的钟契夫教授、邵汉青教授等都来了解情况，以改变和调整他们关于国民经济计划课程的教学内容。在1960年至1964年这段时间内，我做了一些工作，但后来由于某些原因，这项工作就停止了。

虽然当时的研究条件十分艰苦，但我还是对经济数学方法进行了广泛的学习和研究。1961年8月1日，《人民日报》发表了我的论文《谈谈经济数学方法》，对经济数学方法的概念、经济数学方法兴起的原因、经济数学运用的范围等做了详细的介绍。1962年8月10日，《文汇报》刊登了我写的《经济数学方法的主要内容》一文，对经济数学方法的研究内容做了概括性的介绍。1964年，《经济研究》第2期刊登了我写的《在经济研究和计划工作中运用数学方法》，这篇论文分析了数学方法在国民经济中的应用，包括“部门间联系的平衡”“扩大再生产的经济数学分析”“价格形成的经济计算”“投资效果的评价和投资方案的论证”“生产的配置”“经济控制论”等十大问题，并对在经济研究和计划工作中如何运用数学方法进行阐述，这是一篇比较全面论述经济数学方法的论文。

在20世纪60年代到70年代这一时期，虽然条件非常艰苦，但我还是坚持写作，研究经济数学方法，大概发表了20多篇这方面的论文。20世纪70年代末，我国社会主义建设进入一个新的发展时期，经济建设日益要求经济科学的理论结论具体化、精确化，加强数量研究和数量分析，对经济数学方法的需要日益迫切。鉴于这个原因，我对自己之前写的关于经济数学方法的较大一部分文章进行整理、修改和补充，辑录成《经济数学方法研究》一书，该书由生活·读书·新知三联书店于1980年出版，1983年再版。

《经济数学方法研究》主要包括四个方面：首先是关于经济数学方法的一般问题，包括我国统计学界、数学界有争论的理论问题的探索，说明了经济数学方法的内容、起因、任务、研究课题和基本原则等；其次是社会再生产模型问题，尤其是对我国社会主义再生产模型问题做了一些研究；再次是部门联系平衡表问题的介绍和研究，比较全面地说明了部门联系平衡表的有关问题；最后是对计量经济学的剖析，主要是批判经济计量学中宏观模型的理论基础、部分方法论及其有关辩护性实质。可以看到，这些问题都是数量经济学的基本认识问题，全面地介绍了经济数学方法，对我国国民经济中的一些具体问题进行了数量分析，不但在我国最早引入了国际上主流经济学界的数量分析方法，还在我国开始探索如何在国民经济中运用数量分析方法解决问题，这些工作为以后我国数量经济学的创立奠定了坚实的基础。

《经济数学方法研究》中约有7篇文章颇具时代烙印。书中对“经济计量模型”“投入产出分析”以及“经济博弈论”等都是用批判的眼光写的，有一定的时代局限性。但是，在这些文章中，批判的往往是西方资本主义经济思想，而对经济计量学、投入产出方法、博弈论等数学方法，则是肯定的。这些文章都是在批判中进行深入浅出的剖析，也成为我国最早介绍计量经济学、投入产出分析和经济博弈论的文章。

《经济数学方法研究》一书，是我国数量经济学的发轫之作。1984年4月4日，《光明日报》头版头条刊登的题为

《坚持学术标准，树立良好学风——中国社会科学院经济研究所晋升一批研究员和副研究员》的报道中，提到了我的这本《经济数学方法研究》。其中的《探索社会主义再生产模式的若干问题》一文，获得了1985年首届（1984年度）“孙冶方经济科学奖论文奖”，1985年给我颁奖的是时任中国社科院副院长于光远同志。审阅过这本专著的专家认为：“这是我国第一本全面评述经济数学方法的书，在许多方面有独到的见解，为我国建立这门新学科做出了贡献。”

2. 进一步推进数量经济学的研究

1980—1981年，由时任中国社会科学院院长马洪派遣，在美国福特基金会资助下，我以访问学者身份赴美进修。先是到科罗拉多州博尔德市美国经济研究所，进修英语达半年之久。之后，又到费城的宾夕法尼亚大学经济系访问了一年半。访美结束时，我交出了两项成果。第一项是《经济数量分析概论》一书。该书是我出国时向到机场送我们一行5人的马洪院长的承诺，我坚持在国外完成写作，回国前把书稿寄给中国社会科学出版社，于1983年出版，1985年再版。第二项是《发展经济预测和政策分析——访美调查报告》。这是我利用留美的最后3个月时间，放弃福特基金会规定的旅游项目，到美国哈佛大学经济系、布鲁金斯研究所、斯坦福大学经济系、麻省理工学院（MIT）经济系、商业部经济分析局、世界银行开发政策参谋部、国际商业机器公司（IBM）等14个进行宏观经济模型应用研究的主要单位考察，访问了美国阿罗、艾克斯坦、格里利切斯、安德森、阿

1980年在美国科罗拉多州博尔德市美国经济研究所主持“CHINA NIGHT”晚会

尔蒙等50多位经济学家，写成的一份报告，该报告后来载于《经济研究参考资料》杂志1982年第77期。这两项成果是在党的十一届三中全会以后，我国迎来科学研究的春天，经济研究也迎来与世界主流经济学相融合的关键时期提出来的，进一步有力地推进了我国数量经济学的发展，推动了数量经济学在我国社会经济生活中的实践和具体应用。

《经济数量分析概论》一书是我利用在美国可以自由支配的时间和图书馆资料齐全的优势条件，阅读、浏览了近200部著作，并且做了大量的分析和整理工作撰写而成的。该书对美国自第二次世界大战后迅速发展起来的所有主要的经济数量分析方法及其应用，进行了全面的介绍和分析，探讨以马克思主义经济理论为指导，以社会主义经济实践为基础，从我国实际出发，建立和发展我国数量经济学，对于改进我国国民经济计划管理、提高我国经济决策水平，具有重要的借鉴和指导意义。书内对各种经济数量分析方法，有介绍但非简单的介绍，有评论但非简单的评论，以美国为主但也论及其他一些国家的情况，在可能的范围内，力求说明每种经济数量分析方法的历史、优缺点、适用范围和存在的问题，以及它们在我国应用的途径。该书按顺序分章论述了经济系统分析、经济计量分析、投入产出分析、费用效益分析、最优分析、电子计算机与模拟等。这些内容反映了当时国际主流经济学的研究方法，广泛应用于社会、经济、政治等多个领域。该书写完后，我还用英文做了详细概述，向克莱因教授征求意见，克莱因教授逐字逐句进行了修改，并与我在多个问题上进行了讨论，他还鼓励我向国内同仁传播知识，扩大影响。

在《发展经济预测和政策分析——访美调查报告》中，我详细介绍和分析了美国经济预测和政策分析的内容、特点及其作用，推动了我国经济预测工作的开展。在美国，关于经济决策尤其是经济预测的研究非常盛行。美国经济预测的种类和方法都很多，进行经济预测的机构也很多。经济预测对于国民经济发展至关重要，其内容包括市场需求预测、经济波动预测、国民生产总值及其组成要素预测、农业发展预测、能源开发与利用预测等。这份报告受到原国家计划委员会预测中心的重视，报告中的核心部分论文《经济预测与政策分析》发表在1982年6月15日的《人民日报》上。

1981年春，我还参加了世界经济预测会议，这是我国学者首次参加这样的世界经济预测会议，为我国后来正式加入该国际学术组织开了先河。会后，我以报道的形式，写了《记1981年春季林克预测会议》一文，发表在《经济学动态》1981年第5期。后来我一直与LINK组织保持着紧密的学术联系。

3. 在我国应用数量经济学领域的实践

1982年2月，我访美归来后，时任中国社会科学院院长马洪、秘书长孙尚清让我筹建数量经济技术经济研究所。在筹建数量经济技术经济研究所期间，我虽然行政工作繁忙，但学术研究活动同样活跃。首先，由时任经济研究所副所长的董辅礽和我，承接时任副总理万里布置下来的任务，组织部分研究人员，研究“七五”国力预测，完成分析和测算的内部报告。其次，时任国家计委副主任张寿和我承接了哲学社会科学“六五”重点课题“国民经济宏观模型的研究与应用”，实际由我负责，先后出版发行《中国宏观经济模型研究》①《经济模型及其应用》②《经济模型在国民经济管理中的作用》③《投入产出法在中国的应用》④《经济计量方法在中国的应用》⑤等书，每本书的首篇论文都是我写的。这段时间的研究，已经从介绍分析国际上主流的经济数量分析方法转向将这些经济数量分析方法具体应用到我国国民

① 乌家培、张守一：《中国宏观经济模型研究》，安徽人民出版社，1986。

② 乌家培、周方：《经济模型及其应用》，经济科学出版社，1986。

③ 乌家培、张守一：《经济模型在国民经济管理中的作用》，经济科学出版社，1987。

④ 乌家培、张守一：《投入产出法在中国的应用》，山西人民出版社，1984。

⑤ 乌家培、张守一：《经济计量方法在中国的应用》，中国展望出版社，1986。

经济建设中去。我把当时的一部分有关数量经济学的文章，经过适当的改写和个别的校订，辑录成《数量经济学若干问题》（辽宁人民出版社1985年版）一书，作为《经济数学方法研究》的续集，它反映了经济数学方法在学科上向数量经济学转变的现实，并对数量经济学的对象、任务和方法做了首次阐述，对宏观经济模型及其应用做了深入探讨，还涉及信息问题。

《数量经济学若干问题》分为三个部分。第一部分为“学科的一般问题”，包括“数量经济学的研究对象、任务和方法”“数量经济学与其他学科的关系”“数量经济学发展书评”“五年来我国数量经济学的发展”等。第二部分为“宏观经济模型问题”，包括“当前世界上宏观经济模型的一些情况和问题”“我国宏观经济模型特点探讨”“要用世界

1983年在北京东城区东罗圈3301号（原为钱钟书故居）家中

经济模型来预测世界经济”等。第三部分为“经济预测、政策分析和信息”，包括“经济预测和政策分析”“经济信息与经营管理”等。这些论述充分说明了数量经济学在我国的早期应用，适应了当时我国经济发展的需要，形成了我国数量经济学发展的第一个高潮。党的十二届三中全会通过了《关于经济体制改革的决定》，又对数量经济学的研究提出了许多新的课题和更高的要求，如大力发展经济信息和预测、切实改进经营管理方法（包括企业经营生产的方法）等。

4. 促进我国经济及其研究的数量化与信息化

1984年到1986年这段时间，我继续探寻经济及其研究的数量化与信息化问题，逐步把系统论、控制论、信息论等应用到经济管理研究中去，利用数量经济分析社会科学与自然科学结合的问题等，这些研究后来写成长篇论文《经济及其研究的数量化与信息化》，这篇论文作为“我的经济观”，被收入江苏人民出版社1991年出版的《我的经济观》五卷本的第一卷。

这一时期写的其他论文主要分为五部分。第一部分是阐明数量经济学的实质，探讨数量经济学与经济体制改革、软科学研究、经济科学发展之间的“外围关系”，其中《数量经济学与经济科学的发展》一文，在《中国社会科学》杂志1986年第6期发表后，引起各方关注，胡乔木同志还因此让我到他所住的305医院谈论我对经济学发展的看法。这部分论文还进一步论述世界模型、产业部门规划模型，介绍经济计量学及其方法的推广应用等。第二部分是技术经济学方面的文章，就技术经济学中的一些主要问题，如经济技术协作、投资效果及其评价等进行研究。第三部分是系统论、控制论、信息论以及它们在管理中的应用方面的文章，我把经济政策分析视为经济系统分析的应用和发展，把控制论的原理与方法应用到国民经济宏观调控中去。早在1979年，我就在老一辈科学家钱学森的关怀和指导下，完成了两人合写的《组织管理社会主义建设的技术——社会工程》一文，发表在《经济管理》1979年第1期创刊号上，后来钱老把该文收入他的著作《论系统工程》（湖南科学技术出版社1982年版）中。该书出版后，钱老还送了我一本，并亲笔题词："乌家培同志，感谢您的合作与支持！"第四部分是关于科技发展对科学研究影响方面的文章，20世纪80年代中期，适逢世界新技术革命挑战与应用的大讨论，我在《经济研究》1985年第2期上发表了《从自然科学奔向社会科学的强大潮流》一文，在中国社会科学院引起较大的反响。第五部分是有关写作及其他方面的文章，进一步阐明了地区经济发展的阶段论与机遇论的相互关系。这些文章不但进一步推进了数量经济学在我国国民经济中的应用，而且在学科基础上进一步丰富了数量经济学的内容和方法。

20世纪80年代中后期，我动员和组织数量经济技术经济研究所内外从事数量经济学研究的10多位同事，编撰《经济大辞典——数量经济学卷》一书，该书在1990年由上海辞书出版社出版，对奠定数量经济学在我国经济学体系中的学科地位，起到了很重要的作用。

➲ 1985年率中国数量经济学代表团访问澳大利亚

5. 推动经济计量学学科在我国的发展

经济计量学（现在称为计量经济学）现在是数量经济学的核心部分，广泛应用于我国国民经济中。早在1962年，我写了一篇《经济计量模型批判》的文章，发表在《新建设》1962年第10期，对经济计量学方法进行了介绍，文中还介绍了克莱因教授。后来还写了一篇长文《经济计量学宏观模型剖析》，对经济计量学发展中的特点、经济计量学宏观模型、萨缪尔森（Paul Anthony Samuelson）的乘数-加速数模型、哈罗德-多马模型都做了介绍。由于外在原因，这篇文章没有及时发表，后来收入《经济数学方法研究》一书中。这两篇论文是我国最早深入剖析经济计量学的论文。

1980年夏，以克莱因教授为首的7位美国经济学家在中国社会科学院经济研究所的组织下，在颐和园举办了为期7个星期，有100名左右的中国学者参加的经济计量学讲习班，这是我赴美前跟克莱因教授预先商定好的。这个讲习班影响很大，为中国培养了一批经济计量学骨干。为了纪念讲习班举办20周年，在2000年，中国社会科学院还出版了一本论文集——《数量经济学发展前沿》。

1985年，我、范木荣（代表原国家计委预测中心）和郑绍廉（代表复旦大学管理学院）领导有关单位开始研究用于林克（LINK）项目的中国模型。一年之后，中国宏观经济模型终于正式连接到世界经济模型的系统中。如果说，中国经济和世界经济的接轨直到21世纪才大体完成，而模型的接轨则始于20世纪80年代，它创造了一个平台，连通了中国和世界。

为了纪念克莱因教授运用计量模型开展经济预测的创举和业绩，美国罗切斯特大学M.Dutta教授编辑出版了*Economics, Econometrics and The LINK*（North-Holland，1995）一书，该书收录了很多国家和地区的学者撰写的文章，其中也有我、梁优彩、张亚雄合写的文章*China's Macroeconometric Model for Project LINK*。这就圆了克莱因教授1979年作为美国经济学家代表团团长到中国来讲学时向我提出的希望在林克模型中也有中国人自己建立的模型的梦。

6. 推动我国经济预测与宏观调控的研究

决策和预测、研究和管理的巨大需求，催生了20世纪80年代上半期我国数量经济学的第一个高潮。在改革开放初期，由于决策需要科学化、民主化，经济计划需要经济预测，经济研究方式需要数量化，经济管理需要现代化，正如恩格斯所说的，强大的社会需要远比一百所大学更有力量。

在我国数量经济学兴起的第一个高潮中，两个最大的亮点是：投入产出分析的推广应用和经济预测的普遍发展。20

世纪80年代中后期，我国从中央到地方乃至企业广泛编制投入产出表，其规模在世界上仅次于日本。

数量经济学有两个重要的应用领域，一是经济预测，二是政策分析或政策评价（包括政策模拟），它在国内扩大成为宏观调控。我于1982年6月15日在《人民日报》发表的《经济预测和政策分析》一文，是国内第一篇提出经济预测的文章。1990年辽宁人民出版社出版的由我主编，与其他同志合作完成的《宏观经济控制论》一书，是国内第一本关于宏观调控的著作。

在中国数量经济学会的推动下，20世纪80年代，从中央到大多数省区市再到一部分大型企业（如鞍山钢铁公司）都在编制与应用投入产出表，这可以溯源到1962年我和其他两位同志到山西省调查，由我所写的《关于在山西省试编部门联系平衡表条件的考察报告》（内部报告）。另外，不同主体采用不同方法和不同形式进行经济预测，经济预测开始走上程序化、规范化、制度化的道路。我曾经领导过经济预测、经济景气分析，以及基于各种经济数学模型的时间长度不同的经济预测与分析，其成果有内部报告，也有公开出版物，既受到国务院领导的肯定，也获得经济学界的好评。由于引起国外预测界的注意，荷兰的*Economic Forecasts*杂志向我约稿，我写了一篇名为*Prospects for China's Economy in 1990*的文章刊登在该杂志1986年第9期上。1988年9月，我主持的全国首届经济预测会议在北京举行。90年代中期，我还组织有关人员编辑出版了《经济预测及案例分析》。国内经济预测从无到有，经济预测的组织与队伍从少到多、从小到大，经济预测的水平与精度逐步提高。2009年，为纪念中国数量经济学会成立30周年，我应邀与梁优彩合作撰写的《我国经济预测发展的回顾与见证》[①]一文，总结了30多年来我国经济预测理论与实践的发展，并对经济预测的进一步发展提出了重要建议。

1991年我在日本大阪大学社会经济研究所做客座教授的时候，进一步研究了宏观调控问题，发表了一篇题为 *Macrocontrol Is the Guarantee of the Development of Market Economy —Observe China's Market Economy from the Angel of Japan's Macrocontrol* 的文章，作为该所的出版物*ISER*第298期，向世界相关研究机构发行，回国后，用中文发表于1993年第4期的《中国工业经济研究》杂志上。该文从现代市场经济的应变力、有效的宏观调控是增强应变力的关键、配套的政策体系是宏观调控的核心内容以及改进宏观管理结构的方向四个方面对宏观调控进行了论述，受到了国内外学者的共同关注。

我认为从数量经济学与经济控制论的角度来研究宏观经济调控，强调目标变量的正确确定与调整，以及工具变量的适当选择与搭配，突出调控目标和反馈信息的重要性，能较好地纠正经济运行偏离预设目标的状态，逐步逼近和实现目标。

1979—2010年，我国经济宏观调控共有8次，我前后参加了4次，曾写过专题研究报告和宏观调控方案建议，还写

① 乌家培：《乌家培文库》第十册《与时俱进的经济学与管理学》，中国计划出版社，2010。

过有关宏观调控的论文十余篇，从各方面研究宏观调控，如调控理论的重要性、调控方法的多样性、调控政策综合协调性、各国调控比较研究、宏观调控同政府干预与宏观管理的相互关系、宏观调控与微观搞活的联系、经济控制论与控制理论的异同等。这些观点在当时比较新颖，为学术界所关注，为政府所重视。

7. 对通货膨胀综合治理的研究

20世纪80年代后期，我国存在较为严重的通货膨胀，治理通货膨胀是宏观调控的主要任务之一。我对这个问题做过一些研究，对中华人民共和国成立前后的通货膨胀进行了历史考察，对我国20世纪80年代通货膨胀的表现、特点、成因以及如何治理做了深入的分析，并对我国与当代世界各国通货膨胀进行了比较[①]。我还在国家信息中心信息经济与技术研究所组织了一个专门研究综合治理通货膨胀的小组，由我的助手李拉亚博士负责，他曾在我负责主编的国家信息中心专题研究报告中写了一篇内部报告，我修改后认为写得很好，就推荐给时任国家计委副主任兼国家信息中心主任张寿同志，他认为这个问题很重要，就积极报送党中央。没想到，没过几天，上级通知我到中南海中央财经领导小组办公室进行汇报，并要求再带20份专题研究报告。我和李拉亚一起去，一进会场，见到组织会议的正是张劲夫和杜润生两位

① 乌家培：《乌家培文库》第五册《经济信息与信息经济》，中国计划出版社，2010，第518-535页。

同志，前者是原中国科学院副院长、党组书记，后者是原中国科学院副秘书长，两位都是我的老领导，我当年是中国科学院团委副书记，一见到他们倍感亲切，因为那时我常请杜老给团员和青年同志做报告。待我汇报后，他们两位频频点头，张劲夫同志还特别说："你们做得好，此研究报告对中央决策有用。"回来后，该报告由李拉亚改为学术论文，经我修改定稿后，以课题组名义，以《我国通货膨胀的综合治理问题》为标题，发表在《经济研究》杂志1989年第3期上。

除此之外，我还在多次重要会议上呼吁对通货膨胀要深入研究和综合治理，要关注通货膨胀的成因和机理、通货膨胀的预期问题、通货膨胀与生产停滞问题等。

8. 推进数量经济学发展的组织工作

由我领导的数量经济研究，在20世纪60年代还只是3人的小组，到了70年代末，慢慢扩展为10多人的研究室，再到80年代初，又扩展为独立的研究所。1979年3月，创建了中国经济数学方法研究会，1984年改名为"中国数量经济研究会"，随即又改名为"中国数量经济学会"，我被选为中国数量经济学会第一、二届理事会理事长，第三届被选为名誉理事长。

中国数量经济学会的成立，丰富了我国经济研究的方法，对我国经济研究从传统的定性方式向定量方式转变，起到了非常重要的作用。学会的成立还起到了团结、组织、动员学界和扩大学界影响的作用。

1982年，我回国之后，应中国社会科学院领导要求，筹

➲ 1998年在国家信息中心办公室读报

建“数量经济技术经济研究所”。为了开辟数量经济学研究的学术园地，吸引更多的学术精英从事数量经济学的研究，我创办了《数量经济技术经济研究》杂志，一直延续至今。目前，《数量经济技术经济研究》已经成为数量经济学研究的学术园地，既是发表数量经济学研究成果的刊物，也是发现青年研究人才的场所。

在筹建中国数量经济技术经济研究所、创办《数量经济技术经济研究》杂志的同时，1984年我在中国社会科学院申报成立了全国第一个数量经济学专业硕士点，并成为第一位数量经济学硕士生导师；1986年又申报成立了全国第一个博士点，我成为首位数量经济学专业博士生导师，培养了一批高级专业人才。随后，我还被聘为国务院学位委员会经济学科评议组、应用经济学科评议组的第二、第三、第四届评议组成员，负责全国数量经济学专业博士点和博士生导师的主评工作。后来吉林大学、清华大学、华侨大学等相继成立了数量经济学的博士点，建立和健全了培养数量经济学硕士和博士的研究生制度，培养了大量高水平的数量经济学专业人才。

为了更好地推动我国数量经济学的发展，我还开展了广泛的国际交流与合作。1984年，应日本京都大学马场正雄（Masao Baba）教授的邀请，率中国数量经济学代表团访问日本，并做了题为“数量经济学在中国的发展”的报告，日方还专门出版了我演讲的小册子[①]。1985年，应澳大利亚墨尔本大学彼得·鲍威尔教授邀请，我又率中国数量经济学代表团访问了澳大利亚，并举办了双边学术讨论会，我提交了论文，回国后还主编出版了《经济模型在国民经济管理中的应用》一书。访问后期，还受到了原澳大利亚总理霍克的接见。

一开始，我就同美国克莱因教授创立的LINK组织建立了牢固的学术联系，不断地派年轻学者去参加有关的国际会议和进行为期两年的访问学习。除克莱因教授外，诺贝尔经济学奖获得者里昂惕夫等教授都应邀访问过我国。广泛的国际交流与合作，是促进我国数量经济学国际化发展的必要条件。

1985年率中国数量经济学代表团访问澳大利亚墨尔本大学

① 庆应义塾大学1984年出版。

9. 经常对我国发展数量经济学提供参考性建议

我离开数量经济技术经济研究所前夕，曾建议建立理论数量经济研究室、企业数量经济研究室。我离开该所后，每次参加中国数量经济学会年会，都会提交论文，如为中国数量经济学会第三届年会的召开而写的《数量经济学发展的多样化》；为纪念中国数量经济学会成立十周年而写的《继往开来，推陈出新——纪念中国数量经济学会成立十周年》①；为中国数量经济学会第四届年会所作的开幕词《回顾、展望与定向》②；为中国数量经济学会第五届年会所作的开幕词《适应社会主义市场经济的需要，建设有中国特色的数量经济学》③；1995年7月28日在北京召开的“数量经济学与经济学科建设”研讨会上，做了题为“加强理论研究，进一步发展数量经济学”的报告；1996年在《数量经济技术经济研究》第1期上发表了论文《加强理论研究进一步发展数量经济学》，呼吁切实解决进一步发展数量经济学的几个问题；1999年1月20日，应邀为纪念中国数量经济学会成立20周年而写的文章《从数学模拟到电脑模拟——数量经济学应用研究的一大方向》④，虽是一篇短文，但在学术界引起

---

① 乌家培：《继往开来，推陈出新——纪念中国数量经济学会成立十周年》，《数量经济技术经济研究》1989年第2期。

② 乌家培：《回顾、展望与定向》，《数量经济技术经济研究》1990年第8期。

③ 乌家培：《适应社会主义市场经济的需要，建设有中国特色的数量经济学》，《数量经济技术经济研究》1993年第12期。

④ 乌家培：《从数学模拟到电脑模拟——数量经济学应用研究的一大方向》，《数量经济技术经济研究》1999年第3期。

了强烈反响。

2000年9月，在中国数量经济学会第七届会员代表大会暨学术研讨会上发表了文章《中国数量经济学21世纪发展之我见》[①]，提出数量经济学在21世纪的发展，需要顺应全球信息化和经济全球化两个潮流，看准向全球经济扩展、向新经济进军、向金融数量分析发展、向管理现代化献计以及向经济实验室探索五个方向，抓住应用性研究、方法技术性研究和基础理论研究三个重点。

2002年于华侨大学召开的中国数量经济学年会上，发表了文章《与时俱进地发展数量经济学》[②]，强调重视微观数量经济学问题研究和重视信息经济的数量分析。2003年于湖南大学召开的中国数量经济学年会上，发表了文章《从恩格尔和格兰杰获今年诺贝尔经济学奖说起——谈谈我国当前亟须加强研究的若干问题》[③]，强调通货紧缩防范与治理问题研究、人民币汇率稳定与调整问题研究、投资与消费失衡问题研究、重视和解决发展中深层次矛盾问题、宏观经济形势分析判断及其方法的改进问题以及突发性事件对经济影响的分析研究等问题。

2007年，应邀在重庆工商大学做了题为"我国数量经济学发展的昨天、今天和明天"的学术报告，对我国数量

① 汪同三、张守一：《21世纪数量经济学（第一卷）》，中国统计出版社，2001。

② 汪同三、张守一、吴承业：《21世纪数量经济学（第三卷）》，社会科学文献出版社，2003。

③ 汪同三、陈收：《21世纪数量经济学（第四卷）》，湖南大学出版社，2004。

经济学的发展做了比较完整的回顾，对当前数量经济学的发展进行了全面的概括，对未来数量经济学的发展进行了积极的展望。

二 创建信息经济学，为我国经济加强信息作用，发展信息经济（数字经济），消除信息非对称对经济活动产生的影响

20世纪经济学的发展，方法上一个显著特点是数量方法的应用，即数量经济学特别是计量经济学的发展，而在理论基础上，则有信息经济学的发展。西方主流经济学的理论是建立在个体的完全理性和完全信息的基础上的，这使得经济学主要研究生产理论，比如成本理论、厂商理论等。信息要素的缺失，一方面使得主流经济学在理论上很不成熟，另一方面使得经济学难以跟上社会的发展。当然，这有时代的原因，因为直到1948年，诺伯特·维纳（Norbert Wiener）才在《控制论（或关于在动物和机器中控制和通信的科学）》[①]一书中把信息提到与物质和能量同等的高度，信息才得到社会的重视。同样是在1948年，香农（Claude Elwood Shannon）在《通信的数学理论》[②]一文中，对信息进行了里

① 该书是研究动物（包括人类）和机器内部的控制与通信的一般规律的学科，着重于研究过程中的数学关系。

② 关于信息论的著名论文，1948年发表在《贝尔系统技术杂志》第27卷上，全文共5章。

程碑式的研究，信息才真正成为研究的热点。

经济学是在20世纪60年代才引入信息要素的。1960年，乔治·亚瑟·阿克洛夫（George A. Akerlof）的论文《柠檬市场：质量的不确定性和市场机制》，首次把不对称信息引入经济分析，提出了逆向选择的理论，主流经济学才开始接受信息要素。随着不完全信息博弈论的发展，信息经济学迅速发展起来，极大地丰富了主流经济学的学术体系。而同时，科学技术的发展，推动了信息技术的发展，推动了全球第三次浪潮的到来，信息产业在各国如雨后春笋般迅猛发展。信息和信息技术已经进入人类日常生活的任何领域，引发了全球的信息技术革命，人类社会迅速从工业社会向信息社会转变。

在这种背景下，我于1987年及时转向了信息经济学研究，在中国的经济学研究中引入了信息要素，创立了中国信息经济学会，推动我国信息经济学的发展，为我国信息经济学在理论领域和应用领域的发展开辟了道路，同时推动了我国信息技术、信息产业的发展。

1. 中国信息经济学会的创立和我国信息经济学的初步研究

1986年春，数量经济技术经济研究所三年筹建工作快结束时，我离开了工作达32年之久的中国社会科学院到国家信息中心任总经济师兼信息经济与技术研究所所长。这样，我在继续研究数量经济学的同时，又开辟了研究信息经济学的新领域。

从1986年开始，我把自己的经济研究领域从数量经济学扩展到信息经济学。当时，我认为信息经济学的研究应当从我国经济信息及其系统建设的实践出发，密切联系实际。从1987年起，我在完成繁重的领导工作任务的同时，坚持经济研究与信息研究。我主持了“七五”国家社会科学重点课题“经济信息的合理组织与效益问题研究”，该课题在调查研究、学术讨论、撰写报告的基础上，在我的秘书王建新和我的助手朱佑平的帮助下，出版了专著《经济信息与信息经济》。该课题研究成果获得了国家计委1992年度科技进步三等奖。值得一提的是，在课题报告与专著的写作过程中，我还于1989年8月在北京创建了中国信息经济学会。

“经济信息的合理组织与效益问题研究”课题是从大规模调查开始的，参加1987年下半年至1988年下半年实际调查和文献调查的有国家信息中心信息经济与技术研究所、复旦大学管理学院、中国人民大学经济信息系、中国社会科学院数量经济技术经济研究所4个单位的12位同志，最终形成了一套20份的报告。

在这些报告的基础上，我出版了《经济信息与信息经济》一书，该书分为两篇共九章。第一篇讲经济信息，包括经济信息考察、经济信息源及其开发、经济信息流及其组织、经济信息的效用与费用、经济信息系统及其管理共5章。第二篇讲信息经济，包括信息商品与信息市场、信息技术与信息产业、信息经济与信息社会、信息经济学及其未来共4章。从这些内容就可以看出，这是我国经济学界首次对经济信息和信息经济进行全面的基础研究，先是从经济的视角考察信息，这主要是经济中的信息问题，然后是从信息的角度讨论信息的经济问题，如信息产品、信息市场、信息技术、信息产业等。这些问题的讨论，不但开启了我国信息经济学研究的大门，而且为我国信息经济的发展奠定了基础。如果说《经济数学方法研究》一书是我国数量经济学的发轫之作，那么《经济信息与信息经济》则是我国信息经济学的发轫之作。

为了进一步推动信息经济学的研究，也为了进一步推广信息经济学的应用，我领导和承担了国家信息中心“信息资源管理丛书”的筹划与出版，并为该丛书写了总述《信息资源及其管理》，提出信息是与物质、能源一样重要的资源，信息资源的作用在于改进管理和决策，使物质、能量之类的资源得以更有效地利用，信息是管理的基础，又是管理的对象。我把1987年至1991年所写的50多篇文章结集成册，出版了《信息与经济》[①]一书，该书作为丛书的第一本，出版后在国家经济信息系统内颇受好评，被公认为重要读物。《信息与经济》全书分信息篇和经济篇两部分，信息篇着重研究了信息、信息化、信息经济，以及信息社会的各个方面，其中关于信息的讨论是当时国内最为全面，也是最为深入探讨信息的本质、信息的特征和分类、信息的发展等的论述，后来关于信息经济学的教材，很多引用这本书的研究结果。其中《信息技术的产业化和社会影响》一文发表于1989年4月28日的《人民日报》，对推动我国信息技术产业化做出重大

① 乌家培：《信息与经济》，清华大学出版社，1993。

贡献。《论信息技术对经济和社会发展的影响》一文发表于《经济信息系统通讯》杂志1989年第12期，详细讨论了信息技术及其发展、信息技术对经济发展的巨大作用、信息技术对社会发展的深远影响等几个方面，在我国发展信息技术的重要时期，起到了重大作用。

2. 在实践中推进信息经济学的应用

“七五”时期，国家组建十二大信息系统，其中包括国家经济信息系统，为此，我研究撰写了《论经济系统及其管理》《中国经济信息系统建设理论与实践》等重要论文，发表于我主编的《新兴的经济信息系统建设》[①]一书内。该书反映我国自“七五”时期开始建设的国家经济信息系统的建设情况。

在这一时期，我把信息经济与我国宏观经济调控结合起来，进行了深入的分析。1993年我主编了《中国宏观经济分析导论》[②]一书，并亲自撰写了导言——《宏观经济分析概述》。其中《信息、信息工作、信息科学——兼论信息与统计的关系》一文是我在国家信息中心内部讨论信息、信息工作、信息科学三者之间的异同时而写的报告。《论经济信息化与信息化社会》《当今中国通货膨胀的特征分析》《论经济增长、物价上涨、货币供给与通货膨胀的关系》《三角债的成因与对策》《中国消费非均衡分析》等论文是在我的

① 乌家培：《新兴的经济信息系统建设》，中国计划出版社，1991。

② 乌家培：《中国宏观经济分析导论》，中国计划出版社，1993。

指导下分别与国家信息中心研究所3位青年合作写成的，发表在《科技日报》《财经问题研究》《中国工业经济研究》《财经研究》《改革》等重要报刊上。

这一时期，我在国内主持通货膨胀综合治理等重大课题，1988年11月把《我国通货膨胀的综合治理问题》课题研究报告作为国家信息中心的专题研究报告报送党中央和国务院，该报告的主要内容后来以《我国通货膨胀的综合治理问题》为题在《经济研究》杂志1989年第3期上发表。在这之前，我们课题组在《经济研究》杂志1988年第10期上发表过题为《运用利率杠杆抑制通货膨胀》的同类文章。

这一时期，我还在国外特别是在美国和日本参加了经济方面和信息方面的各种国际会议，每次都提交了学术论文。其后，我把主要的英文论文整理编辑成书*Economy and Information*，由中国科学技术文献出版社于1994年出版。

20世纪90年代，社会进入信息化时代，在这种形势下，加快推进国民经济信息化，研究与发挥信息技术、信息资源、信息产业、信息市场、信息经济在整个经济发展过程中的催化剂与倍增器的作用，变得越来越重要和紧迫。1996年，我出版了《经济、信息、信息化》① 一书，汇集了我从1992年到1995年发表的50多篇论文，内容涵盖宏观经济的发展与调控问题、信息与管理问题、市场信息与信息市场问题、信息资源的开发利用与数据库建设、信息服务业及其发展、信息高速公路的建设与信息化道路的选择以及信息科学

① 乌家培：《经济、信息、信息化》，东北财经大学出版社，1996。

与经济系统七个方面。这些论文，都是在我国工业化与信息化相结合，发展我国信息技术、信息产业的关键时期所写的，我在这本书的序言中写道："如能把它作为一块'垫脚石'，让更多的有志之士通过它步入这个研究领域而阔步向前，那对我来说，也就如愿以偿了。"

3. 推动政府和企业的信息化

我在任中国信息协会副会长期间，持续领导与组织国内第一个信息化论坛达10余年，这在那时是最早并且是持续时间最长的论坛，得到了陈先会长的领导和支持。

这个论坛几乎讨论了我国信息化各方面的问题，如企业信息化、政府信息化、家庭信息化、教育信息化、医疗信息化等，研究了信息化与工业化的关系、中国特色信息化道路，以及电子商务、电子政务、网络银行、信息市场等。研究成果有两种形式，一是给领导写报告、提建议，例如建议制定国家信息化战略，成立信息产业部，将信息市场作为生产要素市场纳入市场体系进行培育和管理等。二是发表论文和出版专著，造舆论、做宣传，为我国国民经济和社会的信息化"鸣锣开道"。

1993年11月，在北京召开的信息化与经济发展国际研讨会上，我率先发布论文《正确处理信息化与工业化的关系》[①]，论证了工业化是信息化的基础，并促进了信息化发

① 英文稿载于*Transnational Data and Communication Report*杂志1994年1—2月号，中文稿先后为《经济研究》杂志1993年第12期、《现代化》杂志1994年第1期、《甘肃经济与信息》杂志1995年试刊号摘要采用。

展，而信息化是工业化的先导，它带动工业化发展，为以后进一步提出工业化与信息化深度融合奠定了理论基础。1995年5月，我写了《关于中国信息化道路几个问题的探讨》一文，强调加快信息化进程，以转变增长方式和调控经济结构，引起了各方关注。

1995年，在一次国际会议上，我曾向其他发展中国家代表介绍了《中国在政府管理中促进信息技术的应用》，分析应用信息技术改进政府管理面临的问题与困难。1997年，在国内做了“政府信息化”的报告，我当时指明政府信息化的关键在于提高政府工作的效率和质量，发挥政府在社会主义市场经济中的巨大作用。1998—1999年，我发表了多篇企业信息化的文章，其中《企业信息化的实质、问题与出路》一文被广泛转载，对企业信息化产生了很大的影响。我们还建议国家从国民经济信息化扩展到国民经济和社会全面信息化。为了加强国家对信息化的领导，应成立统一的国家信息化领导小组及其办公室。当时江泽民同志要求国家计委、科技部、信息产业部三个单位的领导向他汇报这个问题，国家计委方面，由时任国家信息中心常务副主任的刘鹤同志为组长，高科技司马德秀司长和作为中国信息协会副会长的我三人成立一个小组，为国家计委主任曾培炎同志准备汇报提纲，参加具体工作的还有杨学山、徐愈、秦海。记得在某天深夜，在曾培炎同志的办公室由刘鹤同志组织汇报工作，杨学山操作计算机演示，在演示中，曾培炎同志对“数字鸿沟”的提法提出疑问，经我和秦海解释后，他同意采用这个概念。曾培炎同志向江泽民同志汇报后，采纳了国家计委所提的方案，成立了国家信息化领导小组办公室，刘鹤同志就从国家信息中心升任该办公室主任，杨学山、徐愈、秦海也离开国家信息中心到该办公室工作。

4. 推动我国电子商务和电子政务的发展

20世纪最伟大的发明是电子计算机，电子计算机最伟大的发展是互联网，互联网最伟大的应用是电子商务。

基于互联网的电子商务迅猛发展是全球性现象，电子商务的兴起与技术创新、制度创新是分不开的。为了推动电子商务在我国的发展，我在电子商务刚一兴起时就有所研究。自1997年开始，我研究了“电子商务的理论与实践”“在中国发展电子商务的对策”“电子商务与税”以及“电子商务管理”等问题，并发表了多篇论文，其中1999年发表于《财贸经济》的《电子商务——21世纪主要贸易方式》，成了国内研究电子商务的首篇学术论文，就电子商务迅速趋热的原因、我国政府发展电子商务的必要措施以及我国企业应用电子商务的有关问题进行了研究。

在20世纪末那几年，我坚持研究电子商务与网络银行，推动电子商务在我国的发展。这一时期，我发表了《电子商务贵在制度创新》《电子商务与税》《抓紧制定标准规范加快发展电子商务》《论电子商务管理》《网络银行的挑战与应对》《抓住信息化机遇发展现代金融业》等多篇论文，分析了电子商务现实的和潜在的优越性，阐述了发展电子商务的“硬”条件和“软”条件，指出电子商务贵在制度创新、重在“生态环境”，认为电子商务是技术创新与制度创新相结合的产物，且在既定技术条件下制度创新起决定作用，还认为发展电子商务要着重发挥其内涵的种种正反馈的边际效益递增效应，由外而内的“巧练”比由内而外的“苦练”更重要。我指出，税的征收或缴纳是电子商务的一大难点，分析了其原因并强调国际协调的重要性。还就发展作为网络经济重要内容的电子商务应注意的问题，包括要抓紧制定标准、规范行为的问题提出了意见，阐述了网络招标采购的重大意义和实施条件，从电子商务的一般管理原则、政策法规、保护知识产权和个人隐私问题、安全问题这四个方面详尽地论述了电子商务的管理问题。对网络银行的兴起和优势做了分析，对我国如何发展网络银行提出了对策建议，强调我国应抓住信息化机遇，大力发展现代网络金融业。

我在电子政务兴起前就开始着手研究政府信息化问题了。电子政务兴起后，我又不断强调电子政务的推进要讲战略、重实效、促协同。我曾作为中国的唯一代表应邀参加美国国务院贸易发展署（TDA）于2002年11月在位于华盛顿特区的美国国务院办公楼举办的“实施电子政务”国际会议，对电子政务做了全球展望，认识到每个国家由于国情不同通过电子政务要达到的目标并不一致，会后向国内领导做了汇报，受到各方重视。我曾经指出，电子政务项目需要逐个抓好，切忌空谈；实施电子政务，必须处理好各种关系，如现代信息技术与政府管理制度之间、要素投入与产出效果之间、自上而下与自下而上之间、网站网页建设同信息内容开发与互动服务之间的关系。此外，我对电子政务与电子商务的异同与互动的研究也得到有关人士的认同。

5. 为培养电子商务专业人才开辟道路

1996年，我在江西庐山主持中国信息经济学会学术年会时讨论了网络经济问题，西安交通大学李琪同志参加了这个会议，当时他正在思考博士论文选题。他原来是学习会计电算化的，受我学术报告和会议气氛的影响，在我的鼓励下，他选择了把电子商务发展作为博士论文的选题。1997年，他完成了博士论文《中国电子商务的发展》，我应邀去西安交通大学经济与金融学院，主持他的博士论文答辩，他成了我国电子商务专业的第一位博士。毕业后，他组建了西安交通大学电子商务研究所，还在中国信息经济学会组成了电子商务专业委员会。他是一个积极的活动家，在与他人合作下，争取到教育部的批准，使得电子商务成为经济学、管理学和工程学的本科专业，这为中国大批量培养电子商务人才创造了条件。后来，他们又推动了农村电子商务和跨境电子商务的快速发展。李琪同志还担任过国家教育部高等学校电子商务类专业教学指导委员会副主任委员，国家商务部电子商务专家咨询委员会委员，中国信息经济学会副理事长、电子商务专业委员会主任等职务。

6. 推动信息经济与知识经济的研究

《信息经济与知识经济》[①] 一书，当时在国内知识经济大讨论热潮中，引起了相关报刊的关注。该书阐释了信息经

---

① 乌家培：《信息经济与知识经济》，经济科学出版社，1999。

1999年赴南方参加中国信息经济学会10周年年会于飞机上

济与知识经济之间的联系和区别，一方面重视知识经济的初露端倪与萌芽生长，展望其发展前景，另一方面强调无论是知识经济还是信息经济，作为新经济都必须与传统经济相结合，使它们逐步融合。这本书反映了我在1996年至1998年间的主要研究成果，它的内容除信息经济和知识经济诸问题外，还包括与上述问题相关的国民经济和社会信息化问题、我国信息产业发展问题、电子商务发展问题、信息革命或网络革命及其影响问题以及国内信息经济学的发展等问题。对这些问题的讨论和研究，推动了我国信息产业的发展，也带动了我国信息社会的形成。

这一时期，我还写了一些论文和报告，重点论述了三类问题。第一类为信息化与信息服务业发展问题，《知识经济抑或信息经济》一文是为参加《经济学消息报》的讨论而写的，《信息产业化和工业信息化》是我和他人合写的，另外还有一些文章，这些文章指明了信息市场与信息政策以及它们的结合是开发信息资源的重要手段。第二类为改革与发展问题，如讨论提高市场发育程度或产业结构调整问题，尤其是《产业结构调整中的生产要素替代原理》（与他人合作）一文，发表在《经济学家》杂志1992年第2期，理论性较强。另外，我还发表了《国有工业企业效益下降的原因分析和解决办法》《加快促进西部经济发展是跨世纪的战略任务》等文章。第三类为宏观经济调控问题，讨论了“社会主义经济的宏观调控问题”。

1994年，为纪念邓小平同志“开发信息资源，服务四化建设”题词十周年，我写了《信息市场与信息政策是促进信息资源开发的有效手段》一文，从开发信息资源的重要性、信息市场和信息政策在开发信息资源中的作用以及信息市场与信息政策的配合运用几个方面进行了论述，受到时任中国信息协会会长陈先的赞扬。

我认为信息经济可以有种种称谓，如数字经济、网络经济或互联网经济以及知识经济、智能经济、智慧经济等，这些概念容易引起混淆，有些是从不同角度来考察的，有些是从不同发展层次或阶段来考察的。数字经济就是从数字是信息的技术表达方式这个角度考察的信息经济，因为信息就是“0”和“1”这两个数码长短不同的各种组合。网络经济或互联网经济，是从网络或互联网是信息沟通的基本手段这个角度考察的信息经济，因为信息是通过网络或互联网传输的。至于知识经济，是从知识是信息的提炼、升华的结果这个角度考察的信息经济，但知识经济是信息经济的较高阶段。智能经济是从信息提炼为知识，再由知识激活为智能这个角度考察的信息经济，所以，智能经济是更高阶段的信息经济。智慧经济是从信息提炼为知识，知识激活为智能，智能由人、机结合成智慧这个角度考察的信息经济，所以，智慧经济是最高阶段的信息经济。所谓“新经济”就是由传统经济转型而来的，随着时代进步，它也可能成为传统经济，而传统经济在过去也可能曾是新经济。

7. 推动信息社会与网络经济的研究

进入21世纪，我着手研究信息社会与网络经济，这一时期，我出版的第一本书是《信息社会与网络经济》[①]。该书出版后，荣获第六届国家图书奖，2003年4月2日《光明日报》报道称：“这是一本集信息化、信息社会、信息产业、网络经济、电子商务、信息经济等最热话题于一体的不可多得的力作。”该书汇集1999—2001年我写的约40篇文稿，包括信息社会与信息化、网络经济与经济治理、经济全球化与加入世贸组织、电子商务与网络银行、经济管理与管理科学、信息经济学与数量经济学等内容。其中一些论文对现在我国信息产业的发展，具有一定的影响力。

论文《信息社会与共产党的任务》是应中国人民大学信息学院的邀请为庆祝中国共产党成立八十周年而写的，并在该院庆祝会上做了演讲。该文论述了信息社会是从生产力

① 乌家培：《信息社会与网络经济》，长春出版社，2002。

方面考察的人类社会的一个高级阶段，探讨了从生产关系方面考察的社会主义与共产主义阶段之间的对应关系，指出中国共产党持续地推进国民经济和社会信息化必然会迎来信息社会，而这同发展社会主义、争取共产主义并不矛盾，且是相互适应、彼此促进的，得出信息社会是孕育于资本主义社会，但本质上恰好对应于社会主义社会和共产主义社会。共产党应拥抱信息社会的到来，进一步发展生产力。

《信息社会与网络经济》一书在第一部分提出了中国的信息化道路问题，也就是要正确处理传统产业与信息产业之间的发展关系，以及信息产业内部（硬件业、软件业、服务业）的发展关系，使产业结构在优化过程中高级化、国民经济协调快速地发展。研究了工业化与信息化的关系，对以信息化带动工业化、发挥后发优势、实现生产力跨越式发展这个问题表达了力求全面的看法。对中国信息化的现状做了说明、前景做了展望。

第二部分为网络经济与经济治理。阐明了网络经济的各种含义，分析了网络经济的种种特点和技术、网络、信息、经济等各方面决定网络经济发展的规律性因素，论述了网络经济给中国等发展中国家带来的主要挑战和机遇，客观地研究了网络经济对社会和经济以及经济理论的诸多影响。分别论述了国家的和世界的经济治理，相应地分析了政府和国际组织在上述两种经济治理中的重要作用，指出从基于关系的经济治理转向基于法制的经济治理的必然性，认为网络经济的发展使经济治理中政府、企业、市场三者间关系发生了新变化，并对这种变化做了分析。对发展网络经济和改进经济治理还提出了具体的对策建议。

第三部分为经济全球化与加入世贸组织。指出经济全球化并非始于今日，自20世纪90年代以来，由于信息技术革命的推动和跨国公司、多国公司的发展等因素的作用，全球化进程大大加速，这表现在全球贸易、国际投资、世界金融市场交易以及国家间技术转让、国际移民等激增上。还指出经济全球化是把“双刃剑”，使各国特别是发展中国家遇到种种难题，如与其他国家相互依存性的加强同本国不稳定性的增加并存、跨越国界的经济联系增加同国家经济主权独立性下降并存、全球经济运行规则的公正性同不合理性并存、世界财富增长同各国财富差距扩大并存等，为趋利避害，多数国家采用了各种对策，如用区域化对付全球化挑战、增强综合国力和提高国际竞争力、对贸易和投资的自由化持慎重态度和逐步放松管制等。阐明了新经济理论，分析了美国新经济的实践，指出新经济就是全球化经济，它不仅仅新在软件产品上，更是科技创新与商业创新相结合的产物。

第四部分为电子商务与网络银行，这在前面已经进行了论述。

我曾是国内“信息社会五十人论坛”发起人之一，且是早期的积极参加者。我认为信息社会和信息经济一样，也有种种称谓，如数字社会、网络社会以及知识社会、智能社会、智慧社会等，这些都是从不同角度和在不同发展阶段所说的信息社会。

2001年4月19—20日，联合国经济与社会事务部同我国的国家发展计划委员会、财政部、信息产业部、人民银行、国家统计局、北京市政府联合主办，在北京召开了“网络经济与经济治理国际研讨会”，受中国信息协会陈先会长委托，我负责组稿、审稿、报道和出版等工作，我自己提交了《关于网络经济与经济治理的若干问题》论文，对网络经济的含义、要素、特点，网络经济给中国带来的挑战和机遇，网络经济对经济治理的影响，政府在经济治理中的作用以及中国应对世界经济治理做贡献等做了阐述和分析，并得出相应的结论。该文后来发表在《当代财经》2001年第7期，又收入《新华文摘》2001年第11期。由于这次会议在国内外具有较大的影响，2001年5月，在南京召开了全国直辖市、副省级城市信息中心主任工作会议暨全国省会和中心城市信息网络常务理事会议，我在会议上做了题为“发展网络经济　改进经济治理”的报告，该报告后来发表于《经济学动态》2001年第7期。

8. 阐明信息是生产力特殊的重要软要素和信息效率的巨大作用

信息在技术进步和社会生产中的作用越来越大，如何认识信息作为生产力的重要因素以及信息在技术进步中的作用，学界一直在探索。我在多篇论文、多个场合都对这些问题进行了阐述，如《信息技术在经济发展中的作用》①《论信息及其产业化、商品化是决定生产力发展的重要因素》②。

① 乌家培：《信息经济学与信息管理》，方志出版社，2004。

② 该文刊登于中国信息协会1991年的会刊内。

信息技术的作用最终体现在信息与知识被它激活后所发挥的作用上，信息和知识作为一种特殊的生产力软要素，在生产过程中也具有它的特殊性。

一直以来，关于生产力到底是两要素、三要素还是多要素，存在不同的观点。其实，生产力要素的不同划分，只是对生产力认识的角度不同而已。“两要素说”是把生产力理解为人类作用于自然界的能力，认为生产力是由“用来生产物质资料的生产工具，以及有一定的生产经验和劳动技能来使用生产工具、实现物质资料生产的人”组成的。“三要素说”是把生产力理解为生产总量，认为生产力的要素就是生产过程的要素，因此，除劳动工具和劳动力之外还有劳动对象。“多要素说”是把生产力理解为劳动生产力，即生产效率，认为组成生产力的要素，除劳动工具、劳动力、劳动对象之外，还包括科学的发展水平和它在工艺上的应用程度、生产过程的社会结合（即管理水平）、自然条件，以及信息（与知识）等，其中自然条件是外生要素，劳动者、劳动工具、劳动对象是硬要素，科技、教育、管理、信息则是软要素。

需要特别加以分析的是信息对其他要素的制约和决定性影响，信息是生产力特殊的重要软要素。所谓软要素，是指它不仅本身直接构成生产力的要素，而且它还间接地对生产力的硬要素产生重大影响，甚至是决定性的影响。所谓最重要的软要素，是指它不仅是一个重要的软要素，它还对其他各个软要素产生重大影响，甚至是决定性的影响。信息与知识对生产力或生产的作用，一方面是通过内在的渗透和外在的转化，对生产力其他各要素的决定性影响来实现的；另一方面是通过对生产力各要素的有序化组织和总体性协调来实现的。其作用特点包括四个方面：一是间接作用与直接作用相结合，以间接作用为主；二是隐性作用与显性作用相结合，以隐性作用为主；三是长期作用与短期作用相结合，以长期作用为主；四是综合作用与单项作用相结合，以综合作用为主。信息与知识产生这种特殊作用的关键在于客观与主观相结合，物质与精神相统一，它体现了物质变精神、精神变物质的转化过程。

信息技术促进生产力发展的作用，要依靠生产力各要素品质的提高和功能的发挥，而最重要的是，基于信息技术激活的信息与知识所发挥的作用的最大化和最优化。信息效率（information efficiency）是一个重要的概念，信息效率的提高是技术进步和经济发展的重要因素，能使信息贫穷的国家加快向信息富裕的国家转变。

信息技术简称IT，过去，信息技术更多的是重视IT中的这个“T”，即技术的发展，着重点在计算机和通信的软硬件上。随着时代的发展，信息技术开始转向更重视IT中的“I”，即信息的作用，如对大数据的开发等。现在，IT这个概念又发生了转变，也就是这个“I”的概念发生了转变。新的IT是指“智能技术”，新IT中的“I”指的是智能（intelligence）。

9. 探索中国特色的信息化道路

信息化，其原意是工业社会向信息社会演进的动态过程，同时也是工业经济向信息经济演进的动态过程。我国的信息化是在工业化进程中开始的，从“七五”起步，“八五”发展，“九五”进入互联网阶段，到“十五”有了信息化专项规划。所以，在我国，客观上工业化与信息化是并存共进的。

从1995年开始，我就探索中国特色的信息化道路问题，先后发表了多篇有关中国信息化道路的文章，如《中国式信息化道路探讨》①《探索有中国特色的信息化道路》②《信息化是加快实现工业化与现代化的必然选择》③《信息化道路的中国特色问题》④等。

一个国家实施信息化跟实施工业化一样，既要依据各国必须共同遵循的一般规律，如国民经济与社会发展相适应并为其服务、基础设施建设先行等，又要符合本国的特殊国情，从实际出发，实事求是地探索一条有本国特色的信息化道路。因此，中国的信息化发展，既不能拒绝学习和借鉴他国信息化经验教训，又不能照抄照搬外国信息化现成模式，而要走一条中国特色的信息化道路。中国特色的信息化道路主要有如下几个方面。

首先，我国人多地广，地区差别大，全国范围内经济发展很不平衡。这意味着我国市场容量大、需求多样化，潜力不容低估；也意味着地区差别、城乡差别的存在及扩大的可

① 乌家培：《中国式信息化道路探讨》，《科技进步与对策》1995年第5期。

② 乌家培：《探索有中国特色的信息化道路》，《江西财经大学学报》2002年第4期。

③ 乌家培：《信息化是加快实现工业化与现代化的必然选择》，《管理学家》2003年第4期。

④ 乌家培：《信息化道路的中国特色问题》，《技术经济与管理研究》2005年第1期。

能性，应避免“一刀切”的做法。

其次，我国的信息化是在农业仍比较落后，工业化任务尚未完成，产业结构不合理的情况下发展的。这就要求中国推进信息化不能脱离大力加强农业基础的需求，不能放松继续加快工业化的努力，不能忽视产业结构的调整、优化和升级，而必须用信息化来促进农业现代化、带动工业化和城镇化，通过信息化迅速提高服务业特别是信息服务业的比重。

再次，信息化能为完善社会主义市场经济体制创造良好的信息环境，能为经济的集约式增长在企业重组、产业改造、结构优化、决策科学化等方面提供有利条件。同时也要看到，信息化带来经济大转型的同时，也带来了社会大转型，这就需要政府的强有力的领导和管理，需要改进对国民经济和社会信息化进行领导和管理的组织形式，以加强对信息化的跨部门、跨地区的综合性领导和管理，信息化需要有不同于工业化的管理方式、方法。

最后，在信息化过程中，要防止信息孤岛现象和数字鸿沟等弊端的出现。管理方式、方法要因时因地而异。牢牢抓住信息化带来的“弯道超车”的机遇。

10. 普及信息经济学与信息管理

从2001年起，华侨大学聘我为特聘教授，要我担任该校经济管理学院名誉院长，后该院分出经济与金融学院、工商管理学院，我仍为这两个学院的名誉院长。我分别帮助两个学院致力于数量经济学、企业管理的学科建设，指导和培养这两个专业的博士生。江西财经大学也同样聘请

2005年向华侨大学捐赠藏书，参加“乌家培书斋”揭牌仪式

我担任该校信息管理学院的名誉院长，帮助该院致力于管理科学与工程的学科建设，并经常为该院主持博士生毕业论文的开题和答辩。

为了探讨互联网经济是如何促进经济发展和社会进步的，我还主编了一套网络经济丛书，这套丛书包括《网络经济》《网络贸易》《网络银行》《网络企业》《网络营销》等共5本，由长春出版社在2000年出版，我为这套丛书写了一个总序。2001年，我还为中国信息协会编写了《网络经济与经济治理》一书，由中国计划出版社出版，该书是2001年4月19日至20日在北京召开的网络经济与经济治理国际研讨会的论文集。

关于在我国普及信息经济学，我与中山大学谢康教授、中国人民大学王明明教授合作，应高等教育出版社之约，于2002年编著了教科书《信息经济学》，后又与谢康、肖静华合作编著了该书的修订版《信息经济学（第二版）》[①]。同时，还校改了谢康等编译的《阿克洛夫、斯彭斯和斯蒂格利茨论文精选》[②]一书。除此之外，我还应邀独自承担和完成了《中国大百科全书》第一版与第二版有关信息经济学的数十条词条的写作任务。

在前述一些工作的基础上，我结合2002年至2003年在中国信息协会的研究成果和出国考察访问的心得，完成了《信息经济学与信息管理》[③]一书的编写，还对信息内容开发与信息内容产业发展的法治与规制问题，数据管理、信息管理、知识管理以及三者关系，物联网产业及其发展，云计算与商务模式，三网融合的历史与现实等问题做了一定的研究。

三 推动管理科学的发展，关注从自然科学奔向社会科学的强大潮流，提倡社会科学与自然科学联盟，重视交叉科学的发展

无论是数量经济学还是信息经济学，都与管理学有密切联系，且相互交叉。例如，数量经济学就研究宏观经济管理，企业管理运用数学方法和电子计算机的问题，信息经

① 乌家培、谢康、肖静华：《信息经济学（第二版）》，高等教育出版社，2007。

② ［美］乔治·阿克洛夫、迈克尔·斯彭斯、约瑟夫·斯蒂格利茨著，谢康、乌家培等译：《阿克洛夫、斯彭斯和斯蒂格利茨论文精选》，商务印书馆，2002。

③ 乌家培：《信息经济学与信息管理》，方志出版社，2004。

济学就包括数据管理、信息管理、知识管理这三种互有差别又互有联系的管理问题研究。管理科学是社会科学与自然科学的结合部。国家自然科学基金委员会有一个管理科学部，它的前身在20世纪80年代还是一个由该委政策局领导的管理学组，那时我就应他们的邀请，参与该组的评审等学术活动，曾为他们争取成立独立的管理科学部出力。朱镕基同志任总理时，曾响亮地提出，管理科学是兴国之道。在这种形势下，成思危同志出任首届管理科学部主任。他一上任就在北京香山饭店召开学术会议，讨论管理科学的基础理论等问题，会上我就管理学与经济学的关系做了一个发言，成思危同志当场就表示赞同，他还指示管理科学部主办的《管理科学学报》2000年第2期发表我由发言稿改写成的一篇论文《经济学与管理学的关系》。该文认为，经济学与数学、工程学、心理学等共同构成管理学的理论基础，不仅如此，经济学还为管理学评价管理活动提供经济原则和分析方法，优化管理行为，这就是所费（成本）与所得（效益）的比较与分析，营利性管理活动要以尽可能少的支出，取得尽可能多的收入，非营利性管理活动要以尽可能少的时间，取得尽可能大的效果，管理学中的价值工程正是这种原则和方法的具体应用与深化分析。

管理是基于组织的活动，不同的组织会有不同的管理内容，如企业管理基于企业的组织，政府管理基于政府的组织，但对任何组织都可以有不同的理解和定义，如企业这一组织就有各种不同的企业理论，经济学家常常对企业提出自己的理解和定义，如把企业视作降低交易成本的组织、资源优化组合的组织、不同利益主体之间的契约组织、信息非对称引致的委托代理组织、虚拟化与网络化的学习型组织，这就必然会产生不同的管理理论和管理方法，所以经济学对管理学的影响是巨大的。但经济学与管理学的关系是相互促进的互动关系，它们之间的影响不是单向的而是双向的，尽管管理学的历史要比经济学晚一百多年，但是管理学对于经济学在实用化方面有着巨大的作用，经济学只有通过管理才能转化为生产力，应用经济学就是在管理学的参与和帮助下迅速发展起来的，应用经济学的诸多研究都会延伸到管理学，经济学与管理学还相互渗透、交叉和融合，以至出现了经济管理学、管理经济学等边缘学科。有关经济计划、经济决策（包括政策）、经济预测、经济调控、经济监督、经济评估的研究，以及公司治理、产业组织、体制安排、机制设计、结构调整、发展战略、经济激励等的研究，很多都具有经济学和管理学的两栖性，很难分清是纯粹的经济学还是管理学，也没有必要去分清它，如果用文科方法或理工科方法硬把它们分为经济学或管理学，也是多余的，这两种方法本应互相结合，而且在结合过程中，不能忽视经济学早已处于数学化、数量化、公理化、工程化的强大潮流中。美国管理学家赫伯特·西蒙（Herbert A. Simon）因对经济组织内的决策程序的开创性研究而获得了1978年诺贝尔经济学奖，这说明他研究的经济决策问题，不仅是管理学，还是经济学。

鉴于数量经济学、信息经济学与管理学不可分割的联系，我对管理学也做过不少研究。管理学又称管理科学，但管理科学的英文名称有单复数之别：Management Science

即单数的管理科学，通常指运筹学和系统工程所研究的管理学；Management Sciences即复数的管理科学，则指一般的管理学。我这里所说的管理科学是指后者而非前者，当然也包括前者。1999年我应邀为COMDEX / China' 99提供论文《面向21世纪的管理和管理科学》，这一论文后为《光明日报》1999年5月5日和《经济学家》杂志1999年第3期所刊用。该文首先分析信息革命对管理变革的影响，包括增强管理功能、改变管理组织、完善管理方法、革新管理思想等；其次提出未来管理的发展趋势，即创新管理的发展，风险管理的兴起，信息管理的普及，可持续发展管理的出现，由"硬"管理为主向"软"管理为主的转化，以及知识管理日趋重要；最后强调管理科学还在变革中，管理科学是研究管理中客观规律的科学，它源于管理但又用于管理，它包括基础理论性学科、技术方法性学科、实际应用性学科，融汇古今中外的管理思想，使管理理论和管理方法有新进展，如力求做到战略柔性化、市场内部化、技术群体化、组织网络化、信息高效化、文化整合化等，特别是管理科学正在交叉融合中有重大发展。所谓交叉，是指多学科渗透交叉；所谓融合，是指理性管理理论与人性管理理论、西方管理思想与东方管理思想的融合。

2000年，我写了另一篇论文《论管理科学的发展》。该文原是应邀为华侨大学建校40周年所作的学术报告，后为《南开管理评论》（双月刊）2000年第6期所刊用，并为《新华文摘》2001年第3期转载。该文回顾了管理科学在20世纪的发展历程，对西方管理科学的起源、多种学派和多种理论做了历史的考察。管理学起源于19世纪后期美国的管理运动，“科学管理之父”泰勒（Frederick Winslow Taylor）用建立严格的操作规程等科学方法来提高劳动生产率，西方管理科学的诞生就是以泰勒的著作《科学管理原理》（1911年）和《科学管理》（1912年）为标志的。此后，西方管理科学学派林立、管理理论纷呈，对诸多流派和各种理论进行扼要说明，归纳出西方管理科学的发展轨迹，有两条演进的路径，一是组织理论研究，从经济人组织向社会人组织、自我实现人组织、文化型组织、学习型组织的演进，二是管理方式方法研究，从科学管理方法向行为科学管理方法、管理科学方法、流程管理方法、信息和知识管理方法的演进。这两条路径的演进反映出工业时代的管理经历了形成、成长、成熟多阶段后，开始向信息时代的管理转变和转型。同时，还对新中国成立以来，国民经济管理、企业管理的发展历程进行了总结。该文指出了“洋为中用”和“古为今用”的重要性，至20世纪90年代，我国管理学有了较大的发展，包括基础理论与方法的研究、企业与事业单位管理的研究、宏观管理与政策的研究等。在改革开放中，我国的管理科学和管理教育已逐步提到科教兴国的重要日程上来了，管理同技术是促进我国经济发展和社会进步的两个轮子，缺一不可。该文还证实了21世纪随着信息社会的来临，具有工业社会胎记的管理科学必将有大的演进，这种模拟化管理向数字化管理的转变，一定会在管理赖以存在的组织形式上和管理方式、管理方法、管理理论、管理思想等方方面面反映出来，管理科学则从以物本主义为主向以人本主义为主演化，科学理性为主向人文价值为主提升，操作研究和战术研究为主向战略研究为主转变，对网络化、集成化管理的研究，对绿色管理、和谐管理的研究，对虚拟组织、合作竞争模式的研究等将变得越来越重要。管理科学必将面临21世纪的重要挑战，这种挑战主要是信息挑战，信息革命将彻底改变信息对企业和个人的意义，对信息技术（IT）及其应用的关注应逐步从技术（T）聚焦到信息（I）上来，因为技术只是工具，而信息效能的发挥则是最重要的。

2004年9月，我作为国家信息中心博士后科研工作站博士后导师主席团成员之一，对全体博士后研究人员做首场学术报告，题为“与时俱进的经济学与管理学”。后又结合企业情况，在中国科技大学讲学时，为MBA和MPA学员做了讲演，被称为“百人报告会”之一，后来该讲演形成文章，在《学术研究》2004年第9期发表，《新华文摘》2004年第23期进行了转载，该文还在人民出版社2006年9月出版的《漫步思想丛林》一书中作为30余场精彩演讲之一的内容发表。上述报告包括四个部分：（1）经济学和管理学是工业革命的产物。（2）信息革命对经济学和管理学的影响。（3）经济学、管理学和金融学的关系。（4）信息社会的经济学和管理学的发展尚需探索。鉴于我已把该文选作第二篇有代表性的论文放入附录内，对有关管理学从工业社会向信息社会的前进中如何与时俱进的内容，我就不赘述了，只想指出信息革命对管理学发展的影响可能会快于和大于信息革命对经济学的影响，由于信息革命引致金融学从经济学分立出来，还会促使管理学与金融学发生越来越密切的联系，金融风险管理学必将成为一门显学。

管理学的实践性很强，它的发展来源于管理演变又服务于管理演变，管理演变过程是量变和质变的统一，量变说明管理有改进，质变意味着管理在转型。管理转型也有管理问题，我于2006年又写了一篇论文《管理转型与转型管理》①。该文指出，中国在工业化尚未完成的情况下进行信息化，社会和经济正经历着双重转型，即从农业社会和经济向工业社会和经济的转型，与从工业社会和经济向信息社会和经济转型相叠加，而经济转型还有经济体制的转型、经济发展方式的转型等，由此而导致的管理转型即传统管理向现代管理转型，不能不具有一定的复杂性，如需要建立以提高自主创新能力为重点的全新管理方式，需要从金字塔式等级分明的科层型组织结构转化为富于柔性的扁平型网络型组织结构等。以企业管理转型为例，要继承传统管理中的有效因素，如流水线生产、全面质量管理等，更要对管理目标、管理主体、管理对象、管理组织、经营重点、生产方式、商业模式、内外部管理关系、企业间相互关系、企业和社会的关系等众多方面进行大的变革，使管理的内容更丰富、管理方式更灵活、管理方法更有效，从刚性管理向柔性管理转型、从以物为本的管理向以人为本的管理转型、从有形的“原子”管理为主向无形的“比特”管理即数字管理或虚拟管理为主转型。该文还指出，管理转型会导致转型管理，即转型期传统管理与现代管理并存的混合管理。根据中国的经验，

① 乌家培：《管理转型与转型管理》，《学术研究》2006年第5期。

有两种混合方式，一是板块式机械性混合，二是渗透式有机性混合，后一种方式优于前一种方式，有利于新老管理较为平稳地交替，减少摩擦和冲突。为使转型管理更有成效，一要充分发挥管理文化的纽带作用，管理文化的精髓在于组织的核心价值观，它能帮助解决转型期出现的矛盾，二要使转型管理与转型组织产生良性互动关系，因为管理是依附于组织的，转型管理的成功有赖于转型组织正常运行，而转型组织要完成转型最终成为已转型了的组织，离开有效的转型管理也是不可能的。管理学的研究是很具体的，它体现在国民经济管理、企业管理、信息管理、知识管理等多种研究中，我在这些方面有一些研究成果，它们散见于《乌家培文库》①《乌家培报告集》②等著作中。

20世纪80年代中期至90年代，世界新科技革命巨大浪潮席卷了全中国，在这个大背景下，我借用列宁的一句名言"从自然科学奔向社会科学的强大潮流"，并以此为题在《经济研究》1985年第2期发表过一篇长文，在经济学界引起较大反响，不料在哲学界和文学界也引起了一定的反响，如该文被收入湖南人民出版社1986年出版的《论现代自然科学和社会科学的结合》，以及工人出版社1988年出版的《文学思维空间的拓展》，并且我被中国社会科学院文学研究所邀请到该所做过一次报告。这篇论文首先引用了1914年前列宁在战斗性檄文《又一次消灭社会主义》③ 中对司徒卢威诬

① 乌家培：《乌家培文库》，中国计划出版社，2010。

② 乌家培：《乌家培报告集》，社会科学文献出版社，2014。

③ 列宁：《又一次消灭社会主义》，载《列宁全集》第20卷，人民出版社，1963。

蔑社会主义的谬论的批判，指出从自然科学奔向社会科学的潮流，从配第时代到马克思时代一直存在着，作为政治经济学的自然规律并没有被消灭，而且这个潮流变得越来越强大了。我根据列宁这个论断，以自然科学对经济学的影响为例来证明这个潮流确实越来越强大了。该文分五大部分。第一部分讨论了最早为自然科学所应用的数学方法与电子计算机在社会科学领域的应用已越来越普遍，社会科学首先是经济科学出现了数学化、模型化、精密化的趋向，还讨论了数学的科学属性和科学的精密化等问题，并对“精密科学”提出自己的看法。第二部分阐述了自然科学中成功应用的系统论、控制论、信息论等横向科学的概念、原理和方法，这些内容还在广泛为社会科学所吸收，并产生介于自然科学与社会科学之间的边缘学科。其中，我还对系统论、控制论、信息论这三论间关系的不同观点进行了评论。第三部分解释了世界新科技革命兴起后，自然科学与社会科学在技术、生产、管理三个方面相互结合的结论。其中，还指明了科学与技术之间的关系，在16世纪前（科学与技术相互隔离）、19世纪前（技术比科学发展快）和19世纪下半叶（科学比技术发展快）不同时期的变化，至今出现科学技术化与技术科学化这种科学与技术密切结合的趋势。第四部分揭示了社会科学向自然科学的渗透也在发展中。其中，分析了社会科学落后于自然科学的种种原因，但指出两者之间是相互渗透和促进的，经济评价和经济选择的原理和方法以及社会评价与社会选择方法，对自然科学特别是工程技术的发展均有影响。第五部分展望了现代科学发展的综合化和整体化日益强烈的大趋势。其中，提到跨学科和多学科研究变得越来越重要，并且指出从事不同科学的学者合作研究的重要性，宣扬了马克思140多年前有关自然科学和关于人的科学将相互包括的预言，并对此做了我自己的解释。我认为，上述重要论文可谓是对数量经济学、信息经济学的诞生以及系统论、控制论、信息论在管理中的应用找到了理论根据。

世界新科技革命大讨论延续到20世纪90年代初时，学界对从自然科学奔向社会科学潮流之思考，进一步具体化到社会科学与自然科学联盟等问题，马洪同志任院长后期，中国社会科学院主动与中国科学院联系，在两院的办公会和研究生院两个方面建立互派人员进行沟通交流与合作的非固定的联盟关系，我根据自己在学术研究与学术评审等活动中社会科学工作者与自然科学工作者相互合作的体验，又写了一篇文章《社会科学与自然科学的联盟有利于克服社会科学的落后》①。该文指出，由于历史和社会的种种原因，社会科学与自然科学比较，相对落后性较为明显。随着社会科学与自然科学相结合的研究日益增多，需要建立两种科学间的联盟关系，这有利于它们共同发展，也有利于社会科学的追赶和产生新兴的边缘科学、交叉科学。目前，在管理科学、软科学等研究领域，有自然科学基金的资助，也有社会科学基金的资助，理工类院校与财经类院校往往各报各的，联合申报的研究项目很少。在联合研究过程中，社会科学工作者存在

① 乌家培：《社会科学与自然科学的联盟有利于克服社会科学的落后》，《哲学研究》1991年第1期。

思路不宽、方法不多、手段不新、组织不善等弱点，而自然科学工作者投身社会经济主战场的热情很高，但遇到复杂的现实问题有生疏感，常受“隔靴搔痒”之困，且文字功夫欠佳，难免词不达意。尤其是缺乏既懂社会科学又懂自然科学的联合研究的组织者和指挥者。想扭转这种局面，根本上要从教育入手，迅速改变长期存在的文理分割和隔离的培养方式，克服“重理轻文”倾向，使理工科人员有文科修养，使文科人员有理工科的训练，还应设置社会科学与自然科学的双学位制、双职称制等，激励更多文理全会的复合型人才产出。这当然不容易做到，但经过几代人的努力，孜孜以求，总能创建伟业，永载史册。

世界新科技革命与对策研究的讨论，促成了社会科学与自然科学工作者坐在一起，商讨技术、经济、管理等领域诸多综合性问题，进一步认识到发展交叉科学的重要性。我曾对什么是交叉科学、为什么会出现交叉科学、通过什么途径来发展交叉科学，发表过一些意见，后整理成文《谈交叉科学发展的原因和途径》[1]。我认为，交叉科学是与单一科学相对应的综合性科学，它可能是边缘科学，也不一定是边缘科学，如未来学是交叉科学但非边缘科学。两门以上的科学相互结合，彼此渗透和交叉，不仅分别存在于自然科学和社会科学各自的内部，还大量发生在自然科学与社会科学之间。科学及其研究对象的交叉处，往往是新兴科学的发源

① 乌家培：《谈交叉科学发展的原因和途经》，《技术经济与管理研究》1985年第3期。

地、生长点。我还认为，交叉科学的产生和发展是由客观存在的整体性所决定的，客观存在的整体性要求分散的单一科学向综合的整体化的方向发展。当代交叉科学的蓬勃发展具体来说有两个原因，一是由于社会需要，二是科学发展大趋势之所向。一方面是由于研究对象的交叉，另一方面是由于科学研究的交叉。我指出，发展交叉科学的途径是很多的，主要靠相邻的有关科学的科研人员通过学科间协作研究共同为新兴的交叉科学的形成做出贡献，使一部分科学工作者转向研究交叉科学。在交叉科学发展已有一定基础时，招收硕士和博士研究生，培养新的一代交叉科学专业工作者。特别是要彻底消除文理分割和“重理轻文”的弊端，真正做到文理结合和文理并重。宣传交叉科学重要性的最好办法是努力做出成绩来，由于交叉科学难度大，往往不够成熟，宁可多做扎扎实实的工作，少做些宣传，要先干后宣传，唤起人们对交叉科学的关注和支持。必要的宣传不可少，但宣传一定要实事求是，否则反而有损交叉科学的声誉和发展。对社会主义建设有利，为社会和人类造福是最有力的宣传，也是最好的宣传。

四 改革开放前夕的舆论宣传，改革开放初期的实地调查，改革开放全过程的回顾与见证

改革开放前夕“四人帮”已倒台，人心思定，经济研究所（当时的领导机关还是哲学社会科学部，胡乔木同志来

后再改名为中国社会科学院）虽未恢复研究业务，但像我一样的年轻的研究人员都想找活干了，由于我当时负责科研处的工作，就承接了组织上交办的和社会上委托的一些工作任务。前者如受命于时任副总理李先念同志，时任国家计委经济研究所所长的于光远同志要我组织人员查阅和摘录马克思、恩格斯、列宁、斯大林经典著作中有关“科技是生产力”的语录；后者如北京人民广播电台要我带领几个人为他们撰写“学一点政治经济学”讲座的广播稿[①]。值得一提的是，广播稿在北京人民广播电台成功播出后，我又应中央人民广播电台的约请，物色了三四位同事，为他们撰写学习宣传毛主席《论十大关系》讲座的广播稿，共16讲，每人写了三四讲，全部由我修改定稿。广播稿向全国播出后，该台总编高兴地对我说社会反响巨大，取得了他们全台历史上最好的社会效果。随后在1977年，人民出版社、北京人民出版社、天津人民出版社几乎同时印发了这套广播稿，人民出版社用的书名大标题为《光辉的文献　强大的武器——学习毛主席<论十大关系>讲座》，北京人民出版社用的书名为《<论十大关系>学习参考纲要》，天津人民出版社则用较类似的书名为《<论十大关系>学习讲座》。以上的舆论宣传从社会效果反映出人民大众渴望从“打派仗”转向“找活干”、国家以阶级斗争为纲转向以经济建设为中心的心情。

改革开放初期，苏南经济发达地区有苏州、无锡、常

① 北京市总工会工人理论组、中国科学院哲学社会科学部经济研究所：《学一点政治经济学》，北京人民出版社，1976。

州，其中素有“小上海”之称的“老三”常州，“文革”后期由于该市领导和群众求变心切，社会环境又胜过其他两个城市，在改革开放之初，竟走在“老大”苏州和“老二”无锡之前，成了全国改革开放的典型。常州善用和厚待南京大学当时受冷遇的一些老师们，把他们奉为技术领头人，使常州生产的柴油机、灯芯绒等一批拳头产品享誉全国。为了总结常州经验，人民出版社派人来经济研究所找工业组组长陆斐文老太太，她怕她们组内人员年龄较大，承受不了这份苦差事，就把这个任务交给了我，我当时是计划经济组组长，与组内两位同事商量后，我们就把任务接下来。我带领那两位同事就奔赴常州蹲点调查。我们就住在那里，吃在那里，走遍了常州的大街小巷，多次往返于北京和常州，与常州市委宣传部合作，到多个企业，有关工业局、市计委和经委，认真调查研究，总结他们改革开放的经验，特别是专业化协作和外向型技术协作等经验。我们差不多用了一年时间完成了《常州工业发展的道路》[①] 一书。该书出版后，日本庆应大学一位女教授曾向我索要该书，她说这本书很有意义，对日本企业也有参考价值。在写书过程中，我还在《光明日报》《经济研究》等报刊上发表过多篇论文，宣传常州改革开放和组织生产的经验，如《向挖潜、革新、改造要速度》（1978年3月13日《光明日报》）、《广泛实行专业化协作》（1978年5月8日《光明日报》）、《常州市组织产品一条龙协作经验好》（1978年第7期《经济研究》）、《常

① 乌家培、李文瑞等：《常州工业发展的道路》，人民出版社，1979。

州市“大集体”所有制工业的调查》（1978年第11期《经济研究》）等文。1982年初我刚从美国进修期满回来，中国社科院院长马洪和秘书长孙尚清交给我的头一个任务就是再去常州调查，总结他们的经济建设经验，由于以往随我去的两位同志有了其他工作不能再去，领导允许我在经济所和工经所两个所的范围内找人同行，于是我要了三位同志，其中一位还是工经所副所长，我带领他们去常州，这次是同市计委合作，已不只是总结工业改革的发展经验，而是总结整个经济改革和发展的经验，大约用了半年时间，终于完成了《常州经济建设的基本经验——探索经济建设的新路子》[①]一书的写作。马洪院长还为该书作序，该书出版后，他就取走了30本，呈送国务院领导同志和有关部门。该书总结的常州经验，概括起来，其核心就是三句话：速度实在，效益好，老百姓得到实惠。从现在来看，这个经验具有普遍意义，因为任何改革与建设都必须效益好，必须惠及人民大众，而经济增长速度绝不能有水分。

改革开放30周年时，我曾写过两篇文章，一篇为《改革开放的回顾与见证》[②]，是给研究生所做的学术报告；另一篇为《见证我国经济学改革开放及其成果》[③]，是应国务院政策研究室原主任魏礼群的约请而写的。在前一篇文章中，

---

① 乌家培、赵云放等：《常州经济建设的基本经验——探索经济建设的新路子》，中国社会科学出版社，1983。

② 乌家培：《改革开放的回顾与见证》，载《乌家培报告集》，社会科学文献出版社，2014。

③ 乌家培：《见证我国经济学改革开放及其成果》，载魏礼群主编《改革开放三十年见证与回顾》，中国言实出版社，2008。

我以1992年邓小平发表南方谈话为界，把30年改革开放分为前14年（1978—1992年）和后16年（1992—2008年）两个阶段，对我国“摸着石头过河”的渐进式改革开放的发展过程做了历史和现状的分析。这30年改革开放成就显著（如中国经济长期增长奇迹、中国改革开放模式在全球的示范作用、市场成了资源配置的主要力量、利益主体多元化、国家的综合实力和国际竞争力空前提高等），而问题也不少（如收入差距过大、贫富悬殊严重、社会不公突出，失地农民、下岗职工、低教育居民等利益受损的弱势群体增多，导致为维权而发生的阶层冲突和群体性事件连年增多，影响社会安定；教育、医疗、住房改革滞后成了新的“三座大山”，社会保障体系建立晚又不完备，对资源、环境和生态保护不力，以致影响经济和社会发展的可持续性等）。列举了这一期间社会上因改革开放所出现的三次较大争论（1981—1984年，关于商品经济与产品经济的争论，确认了要搞有计划的商品经济；1992年前后，关于市场经济与计划经济的争论，确认了要搞社会主义市场经济；20世纪末到2004年和2007年，有关国企改革与利益分配等的争论，以确认需进一步全面深化改革开放而告终）。展望了改革开放的光明前景，需用进一步改革开放的办法来解决改革开放中出现的问题，经济、政治、社会、文化、生态等5个方面的改革，互相协调配套，同时进一步迈向国际化和全球化，使开放与改革相互促进。我认为每个阶段的改革开放，都应以思想大解放为先导，不能把腐败视作改革开放的润滑剂，而应作为改革开放的毒瘤加以彻底清除，加强法治，倡导德治，要双管齐下。由于改革开放日趋复杂，在遇到难啃的“硬骨头”时不要绕着走，而应努力认真加以解决。改革开放的果实要惠及人民群众，使他们有获得感。在后一篇文章中，我着重说明经济学既要为改革开放服务，又要搞好自身的改革开放，以适应国家进一步改革开放的需要。自改革开放以来，我国经济学通过自身的改革开放，无论是在研究内容上还是在研究形式上，都已发生了一系列重大变化。从研究内容看，从原来简单地把资本主义和社会主义两个部分的政治经济学当作经济学全部，发展为包括交叉学科和边缘学科在内的分支学科较齐全的经济科学体系；从偏向于宏观经济学发展到以微观经济学为基础、宏观经济学为前提、中观产业经济学为纽带的较完全的经济学框架；从计划经济的综合平衡研究发展到市场经济的宏观调控研究，在发挥政府作用的同时，发挥市场调节和社会公众的作用，以及信息时代的网络作用；从局限于确定性内容和线性、非均衡问题的研究转向同时关注不确定性内容和非线性、非均衡性问题的研究；从经济研究与管理研究相互分离割裂转变为两者密切联系和结合的状态。从研究方式看，从单纯的定性研究转变为定性与定量相结合的研究；从规范研究（应该是怎么样的研究）为主转向实证研究（实际是怎么样的研究）为主，更重视经验性研究；从局限于抽象的思维分析、现场调查、解剖典型等一般研究方法，发展到同时应用横断科学如系统论、控制论、信息论等的分析方法，特别是数学、统计学、经济计量学的分析方法，以及多种模型方法、模拟方法等；从电子计算机只作为经济研究的计算工具，发展到计算机算法（如遗传算法、蚂蚁算法等）和人工神经网络等人工智能方法融入经济理论，使经济研究有必要编程序、开发软件或软件包，并有可能建立经济实验室，借以发展经济理论；从就经济论经济的纯经济研究方式发展到经济学与其他社会科学（如社会学、政治学、管理学、金融学、法学等）、自然科学（如数学、物理学、工程学、生物学、心理学等）进行多学科、跨学科的研究，突破学科界限，推进合作研究。总之，我国经济学研究内容和研究方式在改革开放过程中的变化，是相互促进的，研究内容的复杂性越高，研究方式越需要现代化，反之，研究方式越是现代化，就越能研究更复杂的内容。

至于近10年的改革开放，我没有就有关问题发表文章，但作为亲身经历者，我深有感受，不乏想法。我认为，近10年的改革开放是前30年的改革开放的延续和发展，但两者相比，从量上看，近10年的改革开放的广度和深度远比前30年有更大的进步，真正逐步做到了又全面又深化。从质上看，近10年的改革开放还比前30年改革开放有重大的突破和创新，例如，供给侧结构性改革的提法和实施就是一大创新。“三去一降一补”（去产能、去库存、去杠杆、降成本、补短板）的结果，已在经济上取得了显著的成效。再如，在国内，2013年即全面深化改革元年在上海设立自由贸易试验区，随后经过推广复制，在国内其他省区市又设立了11个自由贸易试验区，这对推行更高标准的贸易（包括货物贸易和服务贸易）和投资自由化、便利化，加强国内企业适应能力和国际竞争力，大有裨益。在自由贸易试验区实行负面清单管理而且负面清单还逐步缩短，以反映我国管理能力在增强。在国外则广泛签订双边的和多边的自由贸易协议（FTA），前者如中韩自由贸易协议等，后者如“东盟10+1”“中东欧16+1”等，并开始用人民币结算，这大大提升了我国经济的国际化和全球化发展的水平。又如在国内，推进以生态保护为主，长江经济带各城市协调发展，使长江这条母亲河更能造福于祖国；推动京津冀一体化发展，规划和建设将远超深圳特区和浦东特区的雄安新区。在国外，正在落实“一带一路”的倡议和部署，受到沿线60多个国家的称赞和合作，共商、共建、共享，为此成功地设立和发展亚洲基础设施投资银行（AIIB），这都是享誉全球的创举。党的十八大以来，上述全面深化改革开放都是大手笔，轰动国内外，我国全面深化改革开放都是按照客观规律办事的，反对一切形式主义和官僚主义，所以能取得巨大的成效，创建历史伟业。我国的改革开放不仅有来自权威领导层的顶层设计，还有来自公众的基层议论和提案，由于改革开放深得人心，又惠及民众，大家都有获得感，必然会得到人民的拥护，大家会撸起袖子加油干，实干、苦干、创造性地干，所以我们的改革开放是以人民为靠山的。我国的改革开放既能把“饼”做大，又能把“饼”分好，改革开放是对现有利益格局的调整与提升，只有多利益主体都能利益均沾，合作共赢，才能减少阻力，增加助力。我坚信，改革开放是社会进步普适的、永恒的主题，也是经济发展的不竭动力，改革开放是没有止境的，展望我国未来40年的改革开放，在习近平新时代中国特色社会主义思想的指导下，一定会取得更大的成功，不仅会实现“两个一百年”的奋斗目标，而且会顺利地实现中华民族伟大复兴的中国梦。

前途总是光明的，道路可能是曲折的，我们一定要有信心和决心，克服改革开放前进道路上的种种艰难险阻，不达目的决不罢休，争取到2050年通过改革开放使中国真正成为伟大的社会主义现代化强国。

五 为本学科内他人写书作序，为本专业研究生做学术报告，为参加国际学术会议提交学术论文

数量经济学与信息经济学是新兴的分支学科，为了促进它们在国内的发展与普及，我除了鞭策自己和我的团队致力于多出好书外，还帮助和鼓励其他学者尤其是中青年学者著书立说。无论是专著、论文集还是教科书，当他们要我为之作序时，即使我工作繁忙，也会挤时间认真把他们要的序写好，满足他们的要求。我还为丛书如“网络经济丛书”“电子商务丛书”写总序。我作序一般有几个要点，一是环视该主题在国内外与历史上的学术研究背景，二是阐明自己对有关问题的主要观点，三是对全书的结构、特色、创新与不足之处进行点评，四是找出相关点与作者、读者共勉。例如，1982年中国数量经济学会委托武汉大学冯文权教授编著的教科书《经济预测与决策技术》，在跨世纪的28年内，由武汉大学出版社连续出了五版，2018年又出了第六版，每版都由我作序，序文内容互异，但又有内在联系，既同每版出书时

2002年赴澳门参加我的博士生林辉莲女士毕业典礼期间，在澳门做学术报告

国内外经济预测与决策技术的发展形势相吻合，又对未来发展前景有所展望，因此颇受作者和出版社欢迎。他们出新版时，总把以往每版的序文一并刊出。2011年，我把1983年开始至2010年横跨28年的时间内所写的全部79篇序文收录到一起，进行分类整理，与数量经济学相关的有35篇，与信息经济学相关的有29篇，还有15篇与其他经济学和管理学相关。根据序文的内容和出版图书的书名，我为每篇序都加了一个标题，为全书统一起见，改掉的原序若有标题，就放在文后注明出处加以保留，这样就辑录成《乌家培序集》[①]一书，并为该书写了自序，称之为“序之序”。从该书相关

① 乌家培：《乌家培序集》，社会科学文献出版社，2011。

序文可略窥我对数量经济学与信息经济学两门学科的研究思路和脉络。

我在数量经济技术经济研究所工作时，主张硕士可成批培养，如办研究生班；对博士最好逐个培养，毕业一个再招收一个，以保证质量。20世纪我在该所培养出5名博士，有3名的专业为数量经济学，另外2名的专业为信息经济学。21世纪初，我到华侨大学任特聘教授后又连续培养出10名博士，其中6名为数量经济学专业，这6人中有一位来自香港，还有4名为企业管理专业，这4人中有一位来自澳门。我在华侨大学除给博士生上课外，还定期给全体研究生和中青年教师做学术报告，报告的题目大部分由我自己选定，还有一些题目是听众建议的，每次报告我都印发有关的资料给他们，帮助他们中有兴趣的同学进一步学习。我用PC机做演示，编写的演示稿（PPT）不只是几个字的提纲，而是言简意赅的短文，演讲时还有所发挥，讲完后有提问和回答，有时还有热烈的讨论，在讲与听双方的互动中，我自己有时也得到了启发。2014年，我把从2003年至2014年这12年内的共39篇演示稿全部改成文稿，辑录成《乌家培报告集》[①]。这些报告的内容在当时还是比较新颖和吸引人的。在宏观经济与管理方面，有中国模式、改革开放回顾、加快经济发展方式转变、对宏观调控的思考、人民币国际化、中等收入陷阱、新型工业化和城市化、金融危机和美债危机、经济学从经济人假设向社会人假设的变化、数量经济学发展的昨天今天和明

① 乌家培：《乌家培报告集》，社会科学文献出版社，2014。

天等问题。在微观经济和管理方面，有企业发展战略、企业理论、企业核心竞争力、企业的社会资本和社会责任、自主创新和自主品牌、企业家创新和领导力、管理转型和转型管理、大数据、云计算、物联网、三网融合、知识管理与信息管理的关系等问题。

我参加国际学术会议，包括双边的和多国的交流活动，主要在20世纪80年代和90年代，到了21世纪，只参加过一次，也是最后一次。我以中国信息协会副会长的名义，作为唯一的中国代表，到位于华盛顿特区的美国国务院大楼，参加由美国主办的电子政务国际会议，介绍了我国电子政务的开展情况，还进行了讨论和参观。开会回来后，我向陈先会长做了详细汇报，有关我对发展电子政务的系列观点，在随后我写的《信息经济学与信息管理》[①]一书第14章和第15章有较完整的阐述。我强调发展电子政务要讲战略、重效率、促协调。我头两次参加国际会议，都是在宾夕法尼亚大学经济系做访问学者期间。第一次是1981年春，我随克莱因教授从费城去纽约，到联合国大厦对面“广场”宾馆参加预测世界经济和各国经济的LINK会议，我专心听报告和看资料，没有其他任务。第二次是同年秋季，我到威斯康星大学旁听以中国社科院经济所许涤新所长为首的中国经济学家代表团和以诺贝尔经济学奖得主刘易斯教授为首的美国经济学家们共同举办的研讨会。我只做了一个到美国后一些亲身感受的即席发言，但引起了与会者的关注。1982年我回国后，

① 乌家培：《信息经济学与信息管理》，方志出版社，2004。

参加的国际学术交流活动就增多了。例如，1984年应日本京都大学马场正雄教授的邀请，率中国数量经济学代表团赴日本各大学和研究所访问。1985年应澳大利亚墨尔本大学鲍威尔教授的邀请，又率中国数量经济学代表团赴澳大利亚一些大学和政府部门访问，并举办两国学者的双边学术研讨会。1992年率中国信息经济学代表团赴美访问，这次是由福特基金会资助的。访问后，我还给该会写过总结报告。上述每次代表团出国访问都有繁重的学术交流和外事任务。至于我参加的多国的国际学术会议，基本上有两类，一类与经济研究有关，另一类与信息研究有关。在前一类中主要又有两种会议，即上面提到过的LINK会议和PECC（太平洋经济合作理事会）召开的会议。LINK会议一年开两次，包括在美国召开的春季会议和在其他国家召开的秋季会议。1988年，我第二次参加在美国召开的春季会议，这次我提交了演讲稿，并上台发言和参加讨论。LINK秋季会议，我在国外也参加过两次，一次在法国巴黎，另一次在韩国首尔，我都提交了演讲稿。PECC召开的PEO（太平洋经济展望）专业会议，一年也开两次，一次在美国旧金山，另一次在日本大阪，我作为中国专家去参加过，每次参加该会议都要提交关于中国经济展望的论文，外交部综合司刚从北京大学毕业的青年马朝旭同志是我的陪同人员。记得在新西兰惠灵顿召开的PECC“七大”会议，中国是组团参加的，代表团内除我之外，还有经叔平、浦山两位长者，他们说我年轻，“能者多劳”，除要我写论文外，还要我做发言与回答问题的准备。由于回答问题可能涉及某些敏感话题，我连开了两个晚上的夜车，翻阅了两个月的*CHINA DAILY*（《中国日报》）并做了一些札记和卡片。不料，临行前两天，我的左眼视网膜脱落，住进了协和医院，只好把论文、讲话稿、札记、卡片全部移交给马朝旭同志，我未能与他们同去参加会议，深感遗憾。与信息研究有关的另一类国际会议主要有三次。第一次是在加拿大多伦多召开的，规模较为盛大，我国去参加的还有时任国家计委副主任张寿、国务院发展研究中心副主任孙尚清，他们都是部级官员，登台做即席讲话且有人做翻译。我是作为学者被单独邀请去参会的，要提交论文，还要参加讨论和发言。第二次是在美国檀香山东西方研究中心，我结识了美籍印度裔仇莎瓦拉研究员。第三次是在泰国曼谷召开的。以上三次我都提交了学术论文并参加了讨论和发言。1994年我把参加上述国际会议的英文演讲稿，连同1980年在世界著名预

应邀赴日本参加“东亚与日本新兴经济结构圆桌会议”做报告

测期刊*Economic Forecasts*（编辑部在荷兰阿姆斯特丹）9月号上发表的论文*Prospects for China's Economy in 1990*汇编成一本英文书叫*Economy and Information—Selected Works of Wu Jiapei*①。该书所有演讲稿都没有在国外期刊公开发表过，我把它们分成四个部分：（1）一般经济问题（有9篇），（2）经济展望（有6篇），（3）信息与信息化（有6篇），（4）其他（有2篇）。书内最后一篇是我为纪念克莱因教授对中国发展经济计量模型的贡献而写的。这本英文书虽然印刷质量较差，但能把散落各处的英文原稿集中起来，反映历史记录并加以保存，还是很有意义的。

六　党的十九大吹响中国由大变强新号角所引发的新思考

党的十九大确立习近平新时代中国特色社会主义思想为全党、全军、全国、全民从事改革与建设事业的指导思想，党的十九届二中全会还通过决议提请全国人大把这一新思想写入新修改的宪法，这是我国人民政治生活中的重大事件。这一新思想是以习近平同志为核心的党中央理论创新的成果，也是党中央集体智慧的结晶。从中国共产党的历史来看，党的七大提出了毛泽东思想，以后又相继提出邓小平理

① Wu Jiapei, *Economy And Informatin—Selected Works of Wu Jiapei*，Scientific and Technical Documents Publishing House，1994.

论、“三个代表”重要思想和科学发展观，一脉相承地又提出习近平新时代中国特色社会主义思想，这是我党伟大、光荣、正确的优良传统的继承和发扬。从国际共产主义运动现状看，习近平新时代中国特色社会主义思想又是马克思主义中国化、时代化、大众化的体现。对习近平新时代中国特色社会主义思想以及与之紧密相连的十九大精神，我们必须认真学习、大力宣传、不折不扣地贯彻到实际行动中去。

中国特色社会主义已经进入了新时代，这是中国由大变强的新时代，这是中国调整增长速度、优化经济结构、转换发展动力的新时代，这是中国提升质量、讲究效率、强调创新的新时代。在这个新时代，五位（经济、政治、文化、社会、生态文明）一体协调发展，四个全面（全面建成小康社会、全面深化改革、全面依法治国、全面从严治党）齐头并进。新时代的基本特点是社会主要矛盾发生了变化，党的十九大报告提出，党的十一届六中全会所提出的我国社会主要矛盾，即人民日益增长的物质文化需要同落后的社会生产之间的矛盾，已经转化为人民日益增长的美好生活需要和不平衡不充分的发展之间的矛盾这一新的社会主要矛盾。这样的改变，不仅仅是提法变了，变得更科学、更合理了，更重要的是内容也变了，变得更全面、更深刻了。正如习近平所反复强调的那样，人民对美好生活的向往就是我们的奋斗目标。人民对美好生活的需要不只包括物质生活和文化生活的需要，还包括对优化生态和美化环境的需要。人民需要新鲜的空气，洁净的饮用水，没有污染的土壤以及有安全保障的食品和医药用品，等等。正如习近平所说的，绿水青山就是金山银山，我们不仅要使人民生活在繁荣富强、民主自由、公平正义、太平安全的中国，还要使人民生活在美丽的中国。人民向往美好生活的需要从动态上看还应包括代际更迭的需要，不仅要使当代人过上美好生活，还要代代相传，一代比一代生活更美好。人民向往的美好生活应该是永续的，决不能为当代人生活过得好而牺牲前一代老人和后几代子孙的幸福。那么，怎样来满足人民群众向往美好生活的需要呢？单纯地提高落后的生产力是很不够的，不仅要提高生产力，还要变革生产关系和完善上层建筑，这要通过发展来解决。一句话，发展是硬道理。我们应该有新的发展理念，包括创新发展、协调发展、绿色发展、开放发展、共享发展，使不平衡、不充分的发展变得更平衡、更充分。共产党人只有这样来奋斗，才能真正满足人民向往美好生活的需要。

新中国成立以来，中国人民实现了从站起来到富起来再到强起来的伟大飞跃。作为人民群众的一分子，我可用一生的亲身经历来佐证上述论断。首先，我出生在新中国成立前，由于家庭贫困，从16岁起就离开家乡去上海做学徒工，到了新中国成立后，人民政府让我享受国家供给制待遇，赴沈阳上大学读书，接连入团和入党，由于成绩优异，毕业后被分配到中国科学院经济研究所成了研究人员和国家干部，翻身得解放的切身感受在我身上十分深切。其次，改革开放一开始，我在中国社科院作为首批访问学者的一员被派往美国进修。留美期间，受福特基金会资助，每月生活费有800美元，比教育部外派的访问学者还要多一倍。按期归国时，国家规定每人可带回电视机、电冰箱、洗衣机、收录机等所谓的“八大件”，作为家用电器，至于积蓄的外汇，我虽自愿上缴了一半，毕竟自己还留了一半。正如人们所说的那样，知识分子要想富靠出国，但我的出国机会是组织给的，不应忘记党的关怀和培养。再次，党的十八大后，中国特色社会主义进入了新时代，而我已年逾八旬，成为一名退休的老学者，但耳闻目睹，以习近平同志为核心的党中央，治国理政方略高，管党强军路径明，决胜全面小康有望，两步走实现现代化强国可行，中华民族伟大复兴的梦想将成真，中国的国际地位空前提高，中国的国际影响空前扩大，中国在全世界发挥的作用日益增强，我作为中国人民的一分子，主要目标已不是防止落伍的问题，而是要通过学习不断增强责任感的问题，我决心自强，自强，再自强，在生命终止之前，一定要自强不息。

当前，强党、强军、强国正在路上，我认为除这“三强”之外，还应加一强，即强民，成为“四强”，而其中强民则是基础和关键。当前强调惠民固然重要，因为最终目的是惠及民众，真正做到全心全意为人民服务，但强民尤为重要，因为一切都要依靠人民群众，他们是力量的源泉，这就要提高人口的素质，增强人口的体质，提高人民的觉悟、文化和知识水平、文明程度以及他们的创造力和创新能力，激发他们自强的内在动力，增进他们的主人翁责任感。因此，我建议应对全民加强全生命周期的各种教育培训工作，包括胎儿教育、幼儿教育、小学和中学教育、大学和研究生教育、职业培训和专业教育、成人教育、老年教育以及各种技能教育，总之要有继续教育、终身教育。教育培训工作以教师为先，而教师素质则以师德为重。通过不断改进教育培训，使我国近14亿人口人才辈出、人成其才、人尽其才，再广泛吸引全球的外来人才，为我所用。尽管党强、军强、国强为民强创造条件，有利于民强，但毕竟民强是本，做到“神州大地皆尧舜”，党强、军强、国强也就水到渠成了。

叁

学术体验

学术是做学问的，搞研究的，主要有道和法。学术与武术相比，行当不同，但道、法有相通之处。我常把学林和武林相比，武林不能沽名钓誉，更不能欺世称霸，学林也要淡泊名利，以德为先，以义为重。我认为一个学者应与一名战士一样，要有坚定的信仰，有正确的人生观和价值观，要一不怕苦，二不怕死，排除万难去争取胜利。学人要为祖国的革命和建设事业献身，全心全意为人民服务。古语云："学无止境"，只要生命不息就得学习不停，探索不止。生命是有限的，而学术是无限的。学术研究，要靠用时间去堆，用智力去钻。我作为一名共产党员，除从事学术研究外，还要接受和完成党组织交办的诸多非学术任务。因此，对我来说，时间更加稀缺和可贵，要把时间用足用好，不浪费。至于运用智力，首先要有"两c"思维，一是批判性思维（critical thinking），凡事要问为什么、对不对；二是创新性思维（creative thinking），遇到问题不能人云亦云，应有自己的奇思妙想。学术研究既要站在前人和巨人的肩膀上，又要甘为后人和旁人的垫脚石或铺路子，发挥个人在学术巨流中沧海一粟的作用，做好交接棒的传递员。从事学术研究遭受失败不能气馁，失败是常有的事，应自己找原因，总结教训，反复修正，坚持到成功为止。成功时，尤其取得大的成功时，应归功于党，归功于组织和团队以及相关人员，切忌居功自傲，不因胜利而沾沾自喜。

从事学术研究的基本功之一是要善于读书，为研究而读书。我写过《谈读书和研究》①一文，1994年、1995年先后发表于《网络与信息》《中国图书评论》等刊物上，后被收入《当代百家话读书》一书。我认为，经济学者首先需要读点哲学，尤其是唯物论和辩证法；其次要读点历史，主要是经济史和经济思想史；最后就是要读点文学作品，尤其是经济和社会大变革时代的著名小说，如读了茅盾的《子夜》就会对我国资本家有感性认识。当然，最重要的是读懂、读透经典著作和专业著作。我那个时代经济学者必读的经典著作是马克思的《资本论》。我读《资本论》有三次经历，第一次是通读、泛读，重点是《资本论》第一卷。第二次是为研究再生产问题而读，关注两大部类之间的依存关系，重点放在《资本论》第二卷。第三次是为研究经济数学方法而读，想了解马克思在他的研究中是怎样运用数学方法和分析数量关系的，重点自然就延伸到《资本论》第四卷的《剩余价值理论》（3卷本）上去，我还做了很多卡片和札记。至于读专业著作，必须要选准代表人物和代表性著作。以我研究数量经济学为例，我从苏联选中了涅姆钦诺夫院士。他的著作特别多，尤其是统计学著作。我只选了他的夫人为他整理完成的遗作《经济数学方法和模型》，研读后，我还与他人合作把该书翻译成中文，后交商务印书馆出版。我从美国选中了克莱因教授。20世纪40—50年代，他受麦卡锡主义迫害，不能在美国安身，移居到英国，这影响了他出版的著作数

① 乌家培：《谈读书和研究》，《乌家培文库》第6册《经济、信息、信息化》，中国计划出版社，2010，第530–534页。

量。我挑选了他的三本书：《凯恩斯革命》、《美国的一个经济计量模型，1929—1952》（与哥尔德伯格合著）、《经济计量学教程》。我读的都是英文的原著，而非后来因他获得1980年度诺贝尔经济学奖出名后翻译的中文版。这几本书我不止读了一遍，并从中发现作者善于把前人凯恩斯（John Maynard Keynes）、库兹涅茨（Simon Smith Kuznets）、丁伯根、里昂惕夫的宏观经济理论、国民经济核算、经济计量方法、投入产出技术综合在一起，在经济数学模型研究和应用的实践中加以验证和发展，创造性地产生他特有的成果，并应用于国家经济和世界经济的预测和分析中。通过这样的研读，我认识到克莱因教授高深的学术造诣。

从事学术研究的基本功之二是要掌握外文工具。这对新兴学科来说尤为重要，因为这些学科的国内文献是一片空白，而找外文文献却不懂外文，那只能望洋兴叹、一筹莫展。我刚到经济研究所工作时，主要会俄文，对俄文书刊能阅读、能笔译、能校改。我会利用开会间的零散时间，化零为整，从事俄文翻译工作，译校出版了好几本有关苏联的流动资金、经济核算、财经理论、再生产等问题的中译本。当时还把我这项经验在所内推广，后来又译校出版了数量经济学领域的名著之一——《经济数学方法和模型》。改革开放之初，我作为首批访问学者的一员被派到美国，中国社科院马洪院长希望我同其他四位访问学者先在国内花点时间学英文，而福特基金会的项目官彼得·盖特纳（Peter F. Geithner）却主张直接赴美先学英文，他说这样学习效果可能会更好。因此，我被安排到美国科罗拉多州博尔德市一个经济研究所（这不是真正的研究单位，而是世界各国的青年人到美国上大学前的英文培训班），在这里学英文，共有听、说、读、写和语法五门课，天天有测验，周周有考试，按考试成绩动态调整学习班级，每班约有十几个学生，这样半年下来，英文“四会”水平确实有很大提高。在这期间我应《英语世界》主编陈羽纶的约请，为该杂志写过一篇《来美后学习讲英语的点滴体会》①的文章，我在该文中强调多开口、不怕错，欢迎谈话对方来纠正，要克服惰性，不要习惯先想中文后译成外文再说出来，要直接用英语来思考。听说英语要勤练、苦练、反复练就熟能生巧了。其后，为适应我国计划工作改革的需要，还组织力量，译校了联合国秘书处向发展中国家推荐的《发展计划指南》②一书，并给该书写了“译者的话”。2001年，我又同谢康教授等一起译校了《阿克洛夫、斯彭斯和斯蒂格利茨论文精选》。当我发现日本的学术情报工作做得较好时，为了扩大学术情报的来源，我就下决心自学日语。中国社科院情报所一位友人帮我从北京大学外语系取来一套日语教科书（共4册），我从第一册开始自学，利用经济所每周两次聚会的时机，请所内日语翻译沈佩麟先生指导和修改。我一口气学完了三册，已达到能翻译日语短文的水平。之后由于各种活动纷至沓来，已没有时间了，不得不停止自学。就这样，这段经历也让我得到很多方便。我于1990年到日本大阪大学社会经济研究所做客座

① 乌家培：《来美后学习讲英语的点滴体会》，《英语世界》1982年第5期。

② 林武郎著，乌家培等译：《发展计划指南》，中国社会科学出版社，1989。

教授时，虽然专业上用的是英文，但是生活上特别是在国立大阪病院住院治眼疾时，就用的是日语。

从事学术研究的基本功之三是要精通写作，不断提高写作能力。俗语说："千古文章一大抄。"这其实是错误的。"抄"会侵犯他人的知识产权，文章要靠自己写，写得好不好，既要看内容，又要看形式，以及内容与形式两者相统一的程度。这一切取决于诸多因素。30年前，我曾应时任国家计委经济研究所所长王积业的约请，为他主编的《经济专家论写作》[①]一书写过《撰文要诀》一文。我在该文中，列举了决定文章质量的7个因素，分别是观察或调查、逻辑推理、价值判断、综合概括、对策建议、表述或写作、方法选择。我对每个因素的阐述都是针对经济文章或经济学文章展开的。我强调，调查要真实、从实际出发，推理要合理、合乎逻辑和演绎法则，价值判断要正确、站在人民利益的立场上，综合概括要科学、归纳得当，对策建议要可行、有现实意义，表述要清晰、让人懂得，方法要先进、多样化。整个写作过程不能有丝毫的马虎，要认真、认真、再认真。

从事学术研究，特别是现代化的学术研究，还需具备其他多种基本功，如编程、仿真、计算机模拟和实验等。我不再逐一列举了，但我作为"过来人"，要谈谈在学术研究中应正确处理多种关系的体验。2015年中国信息经济学会在北京举办首届杰出学者论坛时，我应学会现任理事长谢康教授的邀请，曾对中青年学者做过一次报告，题目为"谈学术

① 王积业：《经济专家论写作》，中国经济出版社，1989。

研究的‘十大关系’”。在这里，我把这十大关系列举如下：（1）理论研究与方法研究的关系，（2）实际调查与文献研究的关系，（3）规范研究与实证研究的关系，（4）宏观研究与微观研究的关系，（5）专与博的关系，（6）单学科研究与多学科、跨学科研究的关系，（7）本土研究与国际化研究的关系，（8）继承与创新的关系，（9）个人研究与团队研究的关系，（10）人品与学问的关系。在以上10个关系中，对前9个关系的处理，可能会因时代、专业、人员而有种种差异，唯有最后一个最基本、最重要的关系，所有学术研究工作者都应同样做出正确的处理。因为做学问首先要做好人。古语云："文如其人"，又云：要"品学兼优"。学问做得再好，人品不好，这不可取。人品好，学问不一定能做好，但学问做好了，人品一定要好，因为人品是学问的品牌，品牌的价值要远大于"产品"本身的价值。从事学术研究，是知识分子为人民服务的重要方式。学术贡献大小、培养人才优劣，是评价学术研究成果的两大标志，缺一不可。做学问要为祖国需要而研究，要为人民福祉而研究，要淡泊名利，崇尚气节，不弄虚作假，不急功近利，少搞"短平快"，多搞"高（水平高）大（影响大）上（上好品牌）"。做学问要沉下心来，刻苦钻研，十年磨一剑，出精品、出精英。

附录一

两篇有代表性的论文

我选的第一篇是《经济及其研究的数量化与信息化》，写于1991年，较全面和集中地反映了我的经济观，使数量经济学与信息经济学在一定程度上结合起来了。

第二篇是《与时俱进的经济学与管理学》，写于2004年，说明经济学与管理学这两门互有联系的重要学科都是动态发展的，有它们的过去、现在和未来。

第一篇

经济及其研究的数量化与信息化

在总题目下，我谈十个问题。前五个与经济的数量化、信息化有关，后五个则与经济研究的数量化、信息化有关。所说的经济数量化，是讲经济发展中的数量关系及其各种表现。任何速度、比例、总量、结构、效益等重要经济概念，无不表现为形形色色的数量关系。在生产力发展和生产关系变革的情况下，经济数量关系越来越复杂化。至于经济研究数量化、经济及其研究的信息化，其内容不会引起疑义，无须解释。

一 经济发展中的数量关系及其研究

大量的经济活动表现为具体的数量关系。任何经济发展都意味着经济数量关系向更高形态的变动。

（一）经济数量及其关系

经济数量及其关系体现了人类经济活动的数量特征。每种经济现象、每个经济过程既有它特定的质的内容，又有具体的量的表现。量为质所决定，质由量来反映。各种经济量所形成的诸多关系反映着经济活动的内部结构和它同外部的联系。

经济数量按其复杂程度可分为不同层次，而每个层次的经济数量按其抽象程度又有不同的形式。第一个层次是单个量，它表现为具体的数值。例如，反映经济发展的水平、规模和速度、质量的绝对数、相对数、平均数、指数，常见的有产量水平、企业规模、经济增长速度、物价指数、劳动生产率等。第二个层次是复合量，它表现为内部的结构关系和对外部的依存关系。例如，反映产业结构、地区结构、产品结构、消耗结构的比例关系，反映部门间联系、进出口关系、资金流转关系的影响力系数和感应度系数、贸易连接矩阵、资金流量矩阵，常见的有各种投入产出表及其所计算的各种系数等。第三个层次是数量关系的综合体系，它表现为各种经济数学模型及其不同方式的结合运用。例如，反映一国经济或世界经济运行状态及其变化趋势的经济计量模型，它由众多的变量、参数、方程、子模型所组成。这些模型要素是主要的经济数量关系的局部反映，集合起来后用以从整体上描绘经济数量关系的全貌。

在上述经济数量的三个层次中，单个量是产生复合量和综合体系的基础，它直接来源于经济活动。复合量是单个量的汇集，并经过一定的加工计算，使它所反映的内容丰富了。综合体系包容了单个量和复合量，但不是它们的简单集合，而是按特定需要形成的，它能揭示经济数量及其关系变化的规律性。

经济数量及其关系是客观存在的。但是，人们对它们的揭示，依赖于经济学的发展，有一个逐步深化的过程。这个历史过程表明：只有人们暂时还不能认识它的数量关系的经济活动，没有不能数量化的经济活动；只有人们暂时还不能计算的经济数量，没有不能计算的经济数量。这个结论随着近几十年来经济理论的进步、新的数学方法的出现、电子计算机的普及，而变得越来越明显了。

（二）经济数量关系的特点

与自然现象的数量关系相比，经济数量关系具有以下明显的特点：

1. 变动性大　尽管自然现象的数量关系也是变动的，但是经济数量关系的变动有其特殊性。首先，它在变动过程中存在的相对稳定程度远远低于自然界一些现象的数量变化。因为后者只要有相同的条件，不一定会因时间和地点的变化而变化，而前者却经常因时间、地点而异，变换其内容和形式。再从条件看，自然现象比较单纯，只要一两个主要条件不变，其数量表现可能仍比较一致。而影响经济现象的条件往往多种多样、非常复杂。这些条件综合地起作用，只要有一个发生变化，就会在经济现象的数量变化上反映出来。其次，经济数量关系的变动是在以往时期的基础上发生的，不能不带有历史上各种波动的痕迹，并受其影响。前行时期经济数量关系的变动对后续时期经济数量关系变动的影响往往是很大的。最后，随着科学技术和生产力的飞速发展，各种经济数量关系变动的时间间隔更短了，变动的程度更大了，变动的范围更广了。

强调经济数量关系的变动性，并不是否认它的稳定性，而是为了把静态研究变为动态研究，更好地认识和把握经济数量关系。

2. 不可重复性　经济数量关系的变化不可能完全重复出现。且不说它的不规则变化，即使是季节性变化或周期性变化，每个季节、每一周期的经济数量关系的变化，也不会一模一样而无各自的特点。简单的重复是不可能的，在更高的基础上重复则意味着发展。运用经济数学模型和电子计算机对经济数量关系进行模拟或实验，同自然科学中的模拟或实验相比，是要受很大限制的。因为它们的重复是有条件的。研究不可重复的客观对象才是这种模拟或实验的目的。研究经济数量关系，既要注意它的一般性，又要注意它的特殊性。特殊性就是它的不可重复性。

3. 相互依存性　一种经济数量关系反映着相互联系的经济数量之间的依存性，同时又与其他经济数量关系处于相互依存之中。经济数量关系的依存性是经济关系依存性在数量上的表现。在经济活动中，影响经济关系的各种力量发生作用的方向、程度很不一样，或者彼此抵消，或者组成合力，其结果很难说是某种力量单独作用所造成的，往往为多种力量综合作用所致。人们只能通过综合结果从相互作用的联系中去认识和把握各种力量对经济关系产生的影响。因此，要特别重视经济数量及其关系的相互依存性。

4. 多样性和复杂性　经济数量关系多种多样、错综复杂。这一点与其他社会现象中的数量关系相比也是很突出的。经济数量及其关系所形成的蛛网般连锁联系是不可穷竭的。它包括经济数量之间的顺联系和逆联系、乘数联系和弹性联系等。在实际经济生活中，经济数量关系是一个庞大的复杂系统。

（三）对经济数量关系的研究

经济范畴、经济规律无不是质与量的统一。它们直接地、间接地都有数值、量度等数量表现。从经济发展的过程看，旧质之转变为新质，总是在数量变化的基础上完成的。不了解具体的量变过程，就无法全面说明经济发展的规律。为了运用经济规律，尤其需要注重量的分析。在阐述质的特征时，应当指明量的界限。在研究社会主义经济时，量的分析比研究资本主义经济更为重要。这是因为它必须也应当为整个社会生产的具体计划和管理服务。人们认识和利用客观经济规律的程度，是与揭示这些规律的数量界限和表现分不开的。经济工作在决策中必须有科学的数量分析作为依据。社会主义经济的计划和管理离不开经济数量关系的研究。无论是平衡计算还是方案选择，都需要建立和运用经济数学模型。无论是科学决策还是未来预测，都需要依靠数据论证及其适用方法。现代化的经济管理应采用现代化的分析方法和计算手段。

新中国成立后，对经济数量关系的研究，开始于20世纪50年代中期。当时，比较集中体现数量关系的研究问题主要有两大部类之间、农轻重之间的关系，速度和比例的关系，积累与消费的关系，国民经济综合平衡，以及经济核算和经济效果等问题。在数量研究中，除传统的因素分析法之外，还逐步引入和采用了现代的经济数学方法。到了20世纪70年代中期，我国经济数量关系的研究再度崛起，并使数量经济学的发展进入一个崭新时期。从那个时候开始，再生产模式、宏观经济模型、经济预测与政策分析、生产函数与消费函数、技术进步的度量、发展战略与长远规划等问题在经济数量关系方面都有比较广泛与深入的研究。改革与发展的不断推进，对我国经济数量关系的研究，提出了各种新课题。

二 国民经济的平衡与稳定发展

在国民经济发展中，只有正确处理各种比例关系，妥善协调各方利益关系，才能达到平衡和保持稳定。

（一）国民经济平衡及其理论、方法论

国民经济平衡不同于地区平衡、部门平衡、企业平衡，其平衡的范围是整个国民经济。就平衡的性质而言，国民经济平衡有综合的国民经济平衡与单项的国民经济平衡。前者是指用社会总产品、国民收入等综合指标从国民经济总体上进行的全局性平衡。后者是指钢、煤、粮、棉等单项产品或劳动力、固定资产等单项生产要素的需要与资源在国民经济范围内进行的局部性平衡。尽管任何平衡都有综合性，因为它至少是对应的两个侧面相互间的平衡，而平衡中的每个侧面又都要与同它们各自保持另一种平衡关系的对应面相平

衡，但是这并不能否定与单项平衡相对应的综合平衡的存在。不仅整个国民经济，而且即使是一个企业、一个部门或一个地区，也有综合平衡。

国民经济平衡从它反映和研究的客观经济联系看，它是社会再生产过程的总体或各个要素在规模、水平、速度、比例上相互适应、相互协调、相互衔接的关系，这种关系主要表现为数量关系，大量地通过资源与需要的对比反映出来。由于种种客观原因和主观原因，社会再生产过程中出现的不相适应、不相协调、不相衔接的关系，称为国民经济不平衡。国民经济平衡是暂时的、相对的。国民经济不平衡是经常的、绝对的。这绝不应当成为否定国民经济平衡的借口，相反，应当成为大力求得国民经济平衡的一种动力。社会主义经济制度的优越性使我们有可能自觉地达到国民经济平衡，避免国民经济大的不平衡。要把这种可能性变成现实，必须努力按客观规律办事。

一定历史条件下具体的社会再生产过程，是国民经济平衡理论的研究对象。同政治经济学社会主义部分的再生产理论比较，国民经济平衡理论对社会主义再生产过程的研究有两个特点：（1）它不是一般地研究社会主义再生产的一般规律性，而是以具体形式多样地研究特定时期社会主义再生产的具体规律性；（2）它依据社会主义再生产的质的研究在质和量的统一中着重从数量方面研究社会主义再生产过程中的相互联系和依从关系。

国民经济平衡方法论，应该解决进行国民经济平衡的最一般问题。诸如：国民经济的划分问题（按领域、部类、部门、社会成分、经济要素等的划分）、价值运动与使用价值运动的相互关系、产品价值构成（转移价值、必要产品价值、剩余产品价值）与产品使用构成（补偿基金、积累基金、消费基金）的统一问题、劳动消耗与生产成果的比较问题、经常性生产消耗与一次性投资消耗的区分问题、进行平衡的起点和主导环节的选择问题等。这些问题对于国民经济平衡来说，是推动研究前进的方法论问题，而它们本身大都可以成为独立的重大经济理论问题，需要紧密地依靠社会主义政治经济学的帮助来解决。

国民经济平衡的确定内容和特殊性质，决定了要采用平衡法作为自己的研究方法，采用平衡表作为自己的分析和计算的工具。

（二）国民经济稳定发展的意义、标志和条件

经济稳定发展是进行国民经济平衡的结果，其实质在于使经济持续地保持有计划按比例发展。新中国成立后，我国经济发展有几次大的起伏，主要与政治动荡、决策失误有关，也与采取的发展战略不当有关。赶超战略以损害社会主义经济的协调发展和人民生活的逐步改善为代价，片面追求高速度，是不可取的。加速战略把速度与效益、生活联系起来了，但仍容易忽视持续稳定协调发展的问题，以致出现较大的不平衡。稳定战略有利于调整经济结构和推进经济改革，看上去似乎发展慢些，从长期考察还是快的。

社会供给与社会需求在总量上的基本平衡和结构上的协调按比例，是衡量经济是否稳定发展的总标志。社会产品

或国民收入的超分配，从统计上看，似乎不存在，但从经济上看，完全是可能出现的。正常库存和合理储备的减少、结余购买力的增加、内外债的加重、财政赤字的扩大、物价的上涨、货币发行的过量、通货膨胀的恶化等，都与超分配有关。抑制过高的社会需求，增加有效的社会供给，并使生产结构与消费结构相适应、经济效益不断提高，是实现经济稳定发展的要求。

反映经济稳定发展的主要标志有：（1）增长速度适中。这是影响经济稳定发展的前提。速度定低了，会使生产力闲置，经济资源得不到充分利用。速度定高了，会使经济过热，引起比例失调，导致经济秩序紊乱。发展经济的步子不能迈得太快太急，要量力而行。历史经验表明，国民生产总值每年增长6%～7%是适宜的，相应的工业生产每年增长8%～9%，农业生产每年增长3%～5%，较为理想。要控制一般加工业的过快增长。（2）投资规模合理。这是影响经济发展的关键。投资有两重作用：一方面它能扩大生产能力，促进生产发展，这是积极的；另一方面它要长期大量占用物质资料和劳动力，影响当前生产，如果用得不好，新的生产能力未形成，反而浪费社会财富，这是消极的。由于对投资的认识不全面，决策者又往往可以不对投资后果承担责任，很容易落入投资“陷阱”。这就是：要发展经济就增加投资；投资效果不好影响了经济发展，再增加新的投资；一旦投资规模过大，超过了国力，被迫压缩基本建设，使部分投资造成浪费；调整后生产稍有好转，为了加速发展又大兴投资，重复上述循环。历史经验表明，投资的增长速度在基年投资规模正常的情况下，只能略高于国民生产总值的增长速度，两者以1.1∶1～1.2∶1为宜。同时，积累率应严格控制在30%左右。（3）农业生产首先是粮食生产的发展。这是影响经济稳定发展的基础。无农不稳，无粮则乱。农业的基础作用在当前我国社会主义发展初级阶段尤为明显。粮食生产居农业之首。要保证经济稳定发展，必须首先解决好11亿人民的吃饭问题。我国人均粮食产量约为730斤，低于世界各国平均水平。历史经验表明，粮食产量每年应比上年至少增加150亿～250亿斤，人均粮食拥有量应逐步增加，达到800斤。（4）物价上涨程度小、财政金融状况好、外汇收支平衡有顺差。这三个相互联系的指标是经济稳定发展的集中表现。物价稳定，经济才能稳定。历史经验表明，我国的社会商品零售物价指数以年增2%～5%为宜。财政量入为出，争取收支平衡，略有结余，不能长期赤字，对赤字要从严控制。对贷款规模和货币发行也要从严控制。对外经济联系要以出口养进口，缩小国际收支缺口，控制外债规模。历史经验表明，外汇结存至少应有100亿～200亿美元，偿债率不宜高于18%。

为使经济稳定发展，除须有安定团结的政治局面外，还应创造必要的经济条件，如：（1）改革不能急于求成。要保持经济长期稳定发展，需全面深入开展改革。但对改革的长期性和复杂性应有充分的认识。我国开始改革时认为5年就可完成，后来改说5年或更长的时间为新体制建立基础，现在中共中央关于制定国民经济和社会发展十年规划和“八五”计划的建议规定，到20世纪末初步建立新的经济体制和运行机制。总想先把改革搞好再来发展经济，是不现实的。在发展经济过程中进行改革比较现实。改革要稳步前进，分步实施，以免引起大的经济波动。（2）重视调整和不断调整经济关系。调整是保持经济长期稳定发展的必要手段。经济发展过程就是对经济不断进行调整的过程。调整速度、调整比例、调整经济结构、调整经济政策、调整各方面关系。没有平时的小调整，到头来就要来个大调整。历史上每次调整经济的效果都是好的。但往往把调整看作一时的任务，而没有充分认识到调整是永恒的过程。要用自觉的调整去取代被迫的调整。（3）按科学的计划办事，加强经济、科技、社会发展的综合平衡。如果计划不科学，按计划办事，就会坏事；如果计划是科学的，不按计划办事，就是不按科学办事，必然引起经济混乱。指令性计划不能完全取消，它的比例可以降低，它的范围可以缩小。指导性计划应充分发挥作用。这几年综合平衡工作削弱了，这对经济稳定发展不利。要把综合平衡的范围从单纯的经济扩大到经济和科技、社会的协调发展。（4）合理的储备和必要的后备。影响经济波动的因素很多，有自然的和人为的，有国内的和国外的。为高层领导提供战略信息，使其正确决策，可避免经济发展因决策失误而出现不稳定。但有些客观因素常常是意想不到的、不可抗拒的。这就需要建立合理的储备和必要的后备，以防不测，使经济稳定发展有强大的物质保障。

三 用“投入产出”的观念搞活经济、提高效益

（一）“投入产出”新解

“投入产出”的观念，是从投入产出法即分析投入与产出之间平衡关系的数量方法借用过来的，但有了新的含义，即投入与产出相抵后尚有剩余而产生经济效益。这里的投入可以是劳动、资金或物资等耗费，产出可以是产品、税收或收入等成果。在经营企业或管理经济的过程中，对投入与产出要进行核算、比较，以争取少投入、多产出。

社会主义经济是有计划的商品经济。在这种条件下，企业是相对独立的经济实体，要自主经营、自负盈亏；企业之间要开展竞争，优胜劣汰；国家要利用经济杠杆，扩大指导性计划的范围，发挥市场调节的作用。这说明企业和国家都必须自觉运用价值规律来搞活企业和经济。“投入产出”的观念正是自觉运用价值规律在经营管理思想上的反映。企业经营生产，如无“投入产出”观念，不精心核算，不重视效益，就有可能亏损倒闭。政府机构管理经济，如无“投入产出”观念，任意决策，胡乱投资，就会因失误而造成很大的损失或浪费，从而影响社会物质财富的增加和人民生活水平的提高。

过去很长一个时期，由于企业吃国家的“大锅饭”，职工吃企业的“大锅饭”，相当数量的企业消耗大、效率低，产品质次价高，货不对路，伸手向国家要投资，而上缴利润和纳税的任务完不成，结果是投入多、产出少，无利可言，

靠国家财政补贴过日子。在国民经济的管理中，由于管理的思想和方法不反映现代社会化大生产规律的要求，忽视商品生产，忽视价值规律和市场的作用，把整个经济统得较死，宏观经济效益往往很低。

上述情况随着经济改革的逐步推进、经济工作逐步走上以提高经济效益为中心的轨道，已经和正在发生较大的变化。这表现在企业活力有所增强，国民经济潜力得到挖掘并逐渐形成实力。

（二）经济效益与经济原则

“经济效益”这个术语就其本义来说是指有益的经济后果，但从20世纪80年代起它被用于党的文件而广泛流行以来，已成了“经济效果”的同义语。对经济效果不能理解为各种实践活动所造成的经济后果，它的科学内涵是指人们在实践活动中所费同所得的对比关系。所费可以是各种各样的支出或消耗，相当于上一小节新解的“投入”。所得可以是效果或有用效果，它体现着实践活动的目的，相当于上一小节新解的“产出”。定义中的实践活动包括经济活动或非经济活动，但经济学所研究的经济效果主要是经济活动方面的。

无论资本主义社会还是社会主义社会，经济效果都有两重性，都需要从生产力和生产关系两个方面来考察和研究。从生产力的角度看，经济效果的一般内容，即物质生产中花费的劳动消耗同生产出来的使用价值的对比关系，取决于生产力的水平，与时间经济规律相联系，它在各个社会之间是可比的。从生产关系的角度看，经济效果的特殊实质，即特定社会的生产目的的实现程度，取决于生产关系的性质，与各个社会的基本经济规律相联系，它在不同社会之间是根本不可比的。

评价经济效果有一定的标准。按广义理解的标准，可以是社会平均的、国家规定的或历史上最好的等一个确定的具体的经济效果。按狭义理解的标准，则是据此评价经济效果的客观尺度或原则要求，其目的是保证所费（投入）与所得（产出）之间的最优比例，也就是用恰当方式表述的经济原则。

经济原则又叫合理活动原则。它是用来检验和确认人们的实践活动的合理程度的一个客观标准。这个原则在经济活动中的运用，就具体化为人们常说的“最小的投入取得最大的产出”。我认为，这种表述方法在逻辑上是不通的。当投入为最小时，产出只能是一个特定的量，不可能同时是最大量。反之，当产出为最大时，投入也只能是一个特定的量，不可能同时是最小量。把最小和最大在同一方案内、同一时间上结合起来，其不合理性从数学观点上看是很清楚的。求解极值问题，在既定约束条件下，目标函数只能有一个，或是最大或是最小。还有一种常用的表述，把一个原则化为正反两题，即“用同样的投入取得最大的产出”与“对同样的产出使用最小的投入”。这样的说法从经济效益是两个因素共同作用的结果看，它固定一头比较另一头，虽是正确的，但忽略了经济原则的本质或核心在于寻求经济活动规模变动的情况下，“投入”与“产出”之间最合适的比例关系。为使“投入”与“产出”有一个更好的结合方式，以适应变动着的活动规模，就不能向它们提出固定的要求，而应该提出变动的要求。我认为，经济原则的正确表述应是用最小限度（或尽量少）的投入取得最大限度（或尽量多）的产出。最小（大）限度的数值，是个变量，不断地向作为常数的最小（大）值逼近，但前者永远不会等于后者，而只以后者为极限。

国务院规定1991年是“质量、品种、效益年”。在人人讲究经济效益、处处重视经济效益的今天，正确理解和积极贯彻经济原则具有特别重要的意义。

（三）费用效益分析

费用效益分析又称成本效益分析，其中的效益专指有用效果的货币表现，而非我们所说的经济效益。费用效益分析是一种特殊的经济效益比较分析。它的前身为用于评估公共投资或公共事业发展以辅助决策的费用效果分析。但后者只适用于目的一样的同一活动，而费用效益分析则可对比目的互异的不同活动。这种分析强调从社会观点来计量全部效益与全部费用；它不限于实际的货币收支，还包括在一定假设条件下用货币收支来反映的较难量化的一些效益与费用；它要考虑决策后与不同选择有关的未来时期的效益与费用。一般都把效益与费用区分为基本的、派生的、无形的三个部分。在分析中还引入机会成本、影子价格等概念。费用效益分析不是一种最优分析方法，而是分别计量、相互比较各种活动、项目、方案、措施等所需费用与所得效益两个方面，从中选取较好者的数量论证方法。因此，它的分析过程的重要性不亚于分析的结论。

经济效益比较分析扩大了费用效益分析的范围。它包括建设活动方面的经济效益比较分析。这相当于费用效益分析，是一种事先从社会观点看的经济效益的评价和论证。它还包括生产活动方面的经济效益比较分析。这与经济核算紧密联系，是一种事后从局部观点看的经济效益的计算与考核。除建设与生产两个方面外，还有一个更重要也更困难的方面，即宏观经济计划管理方面的经济效益比较分析。这既有与国民经济大核算相联系的实际经济效益的计算与考核，又有与不同国民经济发展战略、国民经济计划方案、经济政策措施等的优选决策相联系的经济效益评价与论证。

经济效益比较分析是贯彻经济原则的具体体现，它可用于各种经济活动、科技活动或社会活动。因此，经济效益分析方法，是经济学向其他科学特别是工程学进行渗透的重要手段和有效媒介。

四 宏观经济调控的理论与方法

宏观经济调控问题，在我国是因改革开放过程中的1984年后特别是1988年出现明显的失控现象而被人们所认识，并提到突出的地位上来的。它的重要意义表现在：（1）微观放活的重要前提。企业放开、搞活是经济发展的基础，政府调节、控制是经济发展的前提。前者为后者提出了任务，后者使前者有了方向和准则。宏观调控能使企业追逐局部利益时适应和促进全局利益；能使企业活动有一个好的外部环境，彼此协调，遵守公共准则；能使代表国家利益的政府对社会主义公有制企业保持必要的直接控制。“控而不死，活而不乱”，是持续稳定协调地发展经济的要求。（2）实现经济目标的重要保证。宏观调控要紧紧围绕经济目标来进行。目标是目的的具体化。通常把适度的经济增长率、稳定的物价变动率、高度的劳动就业率、合理的收入分配、较好的国际收支平衡状况、有效的环境改善程度等，作为调控目标。宏观调控应根据经济运行偏离既定目标的状况不断校正经济行为，通过改变经济系统的输入、输出及其相互关系，使经济朝着预期的或修改后的目标发展，以便一次又一次地实现多重的动态目标。（3）经济系统正常运行的重要条件。经济系统的运行会因各种干扰而产生震荡、出现波动。以我国工业生产的发展为例，1951年以来，几乎每隔5～6年甚至2～3年，就有一次大的波动，波峰和波谷有时还分别处于轴线的正负两极，波幅很大。这说明工业发展稳定性差，波动既频繁又激烈。宏观调控就是要减少、削弱乃至消除波动。一点波动也没有是不可能的。但通过必要的、适时的调控，尽量使波动小些、少些，则是经济正常运行的要求。

（一）宏观经济调控的理论

常见的宏观经济调控的理论有：

1. 20世纪50年代发展起来的综合平衡理论　宏观经济调控是为了保持国民经济的宏观平衡，因此综合平衡理论成了宏观调控的理论依据。按照综合平衡理论，需从社会再生产的总体上协调各部门、各要素之间的关系，使资源与需要在总量上平衡，特别是要实现财政、信贷、物资、外汇、劳动力平衡。

2. 西方国家广泛采用的政府干预经济的理论　在社会主义商品经济条件下，要发挥市场调节的作用，也要由政府对社会的总供给与总需求及其平衡状况进行调控，办法是采用财政政策与货币政策的双紧、双松或紧松搭配方式。

3. 控制论和自动控制中的动态反馈控制理论　对国民经济这个受控系统，应像机器、生物的控制问题一样，实行动态的信息反馈的闭环控制，这种控制要以发达的信息系统为基础。

上述三种理论从不同的侧面为宏观经济调控提供了一定的依据，但又都因有各种局限性而不能成为完整的基础。例如，第一种理论本来是高度集中的计划经济条件下形成的传统理论，如何适应新的有计划商品经济发展形势的问题尚待解决；第二种理论则是在发达国家的资本主义经济土壤上产生的，如何适应我国的基本情况，如何使其他经济政策如产业政策、收入分配政策等与之配套，急需研究；第三种理论来源于控制论和控制理论，有一个如何运用到不同于工程控制的经济控制过程中去的问题。谁都知道，经济控制问题远比工程控制、生物控制复杂，它涉及受控对象中社会人的利益、意志等问题。

那么，我国进行宏观经济调控的完整的理论基础究竟是什么？我认为，从作为控制对象的宏观经济性质来看，关于社会主义经济是有计划商品经济的观点是我国进行宏观经济调控的基本理论出发点。而从控制过程（体现于宏观经济运行中）的目的是要使社会总需求与总供给在总量和构成上保持协调这一点看，社会主义再生产理论及其具体化——国民经济平衡理论，是我国进行宏观调控的基本理论基础。但是，宏观经济调控的实施是一项复杂的系统工程，绝不是只有社会主义再生产理论和国民经济平衡理论就能解决的，还需要有其他一系列理论进行配合，形成基础理论体系。这些理论有：

1. 经济机制理论　在经济这一有机体的内部客观地存在着由经济利益关系决定的各种经济规律综合起作用的运行机制。宏观经济调控必须利用经济机制的自动调节作用。按照经济系统自行运转的机理进行调控，常常比较有效。

2. 经济政策理论　经济政策从经济系统外部影响其运行，是一种“外力”，与经济机制的“内力”相配合，就易于实施宏观调控。经济政策的研究，应解决政策多变、不配套、缺乏弹性等问题，使政策的制订和执行民主化、科学化。

3. 经济杠杆理论　经济杠杆是宏观调控所用的手段，它的调控作用大多是与经济政策结合在一起的。但两者有区别。前者与商品货币关系紧密相连，通过经济参数的改变来体现。经济杠杆包括价格、税率、利率、汇率等。它们在综合运用中如何进行最优的配合，是经济杠杆理论的重要内容。

4. 经济监督理论　经济监督是宏观调控的一个环节，也是宏观调控的一种体现。对经济系统的运行和输出，需要进行监测检查、督导校正。监督是与调节相伴而行的。如计划调节与计划监督、财政调节与财政监督、信贷调节与信贷监督等。但还有审计、统计、经济司法等专门的经济监督方式。

5. 经济信息理论　经济信息对提高宏观调控的科学性和有效性十分重要。信息不足或失真，往往是造成宏观调控失败的重要原因。经济信息理论从经济信息的采集、传输、存储、加工等方面研究宏观调控所需经济信息（包括运行状态、环境变化、规范监督、调节控制的信息）的开发和利用。

（二）宏观经济调控的方法

宏观经济调控方法的选用，同经济的性质、经济管理体制的模式，以及具体的调控对象的特点和调控条件有关。例如，社会主义经济以公有制为基础，受资源约束比较明显，一般用计划方法来调控；而资本主义经济以私有制为基础，受有支付能力需求的约束比较明显，一般用政府间接干预来调控。又如经济体制为高度集中的传统模式时，主要用直接的行政方法来管制经济，而要建立充满生机和活力的新经济体制时，就非改用间接的经济方法来调控经济不可。再如宏观经济失控有各种表现，是总量失控还是结构失控或者两者兼有，是投资膨胀、消费膨胀、信贷膨胀、物价飞涨、速度异常、国际收支逆差，或者其他症状，具体情况要具体分析，然后采取不同的方法和对策。一般说不能“单打一”，孤立地采用某一种调控方法。

宏观经济调控方法分为直接调控和间接调控两大类。直接调控具有强制性，其作用方向往往是垂直的，如行政方法，即采取命令、指示、决议、规定等方法。法律方法则是特殊的直接调控，它也有强制性，要依靠政权的力量，但它是用规范来影响受控对象的行为的，通过事后处理起到预防的作用。就后一点说，它具有间接调控的性质。间接调控具有诱导性，其作用途径是迂回的，如经济方法，即运用经济杠杆的方法，要通过经济杠杆的间接作用来施加影响。思想教育方法、信息方法（即用公布信息的方法进行引导）也是间接调控。国家计划是进行宏观经济调控的依据。但计划方法可以是直接调控，如指令性计划；也可以是间接调控，如指导性计划。

直接调控和间接调控的优劣利弊都是相对的。直接调控有明显的时效性，但容易产生副作用；间接调控有突出的灵活性，但奏效较慢。实际上需要把两类方法结合起来，“软硬兼施”。根据不同的时间、地点和条件，在结合中有个谁主谁次的问题。例如，西方发达资本主义国家对宏观经济一般采用间接调控，但个别时期也采用过强制性冻结工资、物价的办法。又如，我国从第一个五年计划起就对宏观经济实施直接调控，但在各个时期对非全民所有制经济，不同程度地采用过间接计划方法，而这却是特定历史条件下的间接调控。

经济管理体制的改革要求对宏观经济的管理从直接调控为主转向间接调控为主。为此，要不断创造必要的条件。首先，要使企业真正成为自主经营、自负盈亏并有自我约束能力的商品生产和经营者。其次，要有比较充分的竞争和比较完善的市场体系。运转自如的市场关系是实行间接调控的枢纽或中介。最后，还要建立和健全宏观调控体系，增强宏观调控力量。

五 经济信息与信息经济

信息与经济的联系表现在三个方面：第一，信息独立于经济的外部，对经济发展产生积极的或消极的影响。当信息作为资源被开发和利用时，它能促进经济的发展。当信息因匮乏而使经济盲目发展时，或因失实而成为干扰经济发展的因素时，它会导致经济蒙受损失。第二，信息渗透到经济的内部，变成了越来越重要的生产要素。劳动对象的发掘与加工，劳动资料的改进与变革，劳动力的素质及其提高，均依赖于信息、智力及其运用。信息还如“黏合剂”一样在生产的组织管理中使生产要素优化组合，发挥出更大的合力。依附于生产诸要素上的信息正在逐渐游离开来而成为独特的生产要素，例如对生产的计划和管理，已越来越成为生产的重要要素。第三，随着信息的经济化与经济的信息化两个过程的推进，信息与经济的结合日益密切。一方面出现了经济信息及其源、流、网络、系统建设等新事物，另一方面产生了信息商品、信息市场、信息产业、信息部门，以及有别于农业经济、工业经济的信息经济等新范畴，这为经济注入了新的血液，使经济增添了新的内容。前两种联系比较简单，恕不赘述。后一种联系比较复杂，做些扼要的论述。

（一）经济信息及其系统建设

经济信息是反映经济活动并为之服务的，它与经济活动的关系好比“影”与“形”。“形”为“影”之源，“影”

为“形”之兆。经济信息与信息一样是多义的。在日常用语中，经济信息被理解为经济数据（或资料）、经济消息（或新闻）、经济情报、经济知识等，这是它的现象方面。在科学含义上，经济信息是反映经济活动中客体和主体相互作用的信号，这是它的本质方面。对经济信息的考察应注意角度、层次、立足点。把立足点扩大些，从它的发送端（信源）、传输通道（信道）、接收端（信宿）三者的统一中来定义经济信息比较全面。

经济信息并不脱离非经济信息而孤立地存在。由于经济活动与其他社会活动交织在一起，经济信息在生存时或使用时经常与其他社会信息共生或共用。例如，在企业的技术改造活动中，既产生经济信息，又产生技术信息。又如，在经济工作和经济研究中所用的不仅有经济信息，还有政治信息、科技信息、社会信息等其他信息。对经济管理来说，有三种信息特别重要，应给予足够的重视。这就是：（1）预测信息。它揭示未来发展的变化趋势，有先兆性。（2）反馈信息。它反映受控对象执行指令的结果，是反馈得以完成的前提。（3）战略信息。它为最高层领导进行战略决策提供依据，与战略目标的确定、未来行动方法的选择有关。

经济信息的生成端或发送端，统称为经济信息源。它按发送的经济信息是否生存于经济活动，分为初始源和再生源；而按发送的经济信息是否来自经济业务（或管理）部门，则分为直接源和间接源。经济信息源发送经济信息不是本能的、自发的，而是有意识的，自觉地以适应接收者的需求为目的。经济信息的发送越能针对需求就越有效。同理，经济信息的需求越有供给的来源就越能得到实现。尽管经济信息源广泛地存在于社会中，但是人们并非随时随地都能顺利地得到自己所需要的经济信息。因此，有必要对经济信息源进行开发和利用。在繁杂庞大的经济信息源中，寻求和选取合适的经济信息，需要对有关的经济信息源有足够的了解，对所需的经济信息有明确的界定，并具备物色信息源和筛选信息的经验、能力和手段，才能既达到目的又节省人力、财力、物力的消耗。

经济信息从发送端到接收端的移动，形成经济信息流。它是经济信息的传递输送过程。在经济活动的物流、人流、资金流中分离出信息流来，并用以调节和控制它们，这是人类文明的一大进步。经济信息的流动越迅速、越有效，社会得益也越大、越多。经济信息流由流量与流向组成。流量指输入或输出的经济信息的数量。流向指经济信息的传输指向与形式特征。经济信息流采取的形式，是由经济管理的组织形式和经济信息的内容、传输要求所决定的。根据不同情况选择合适的形式，是为了合理组织经济信息流，避免迂回的重复的传输，达到传输的距离短、速度快、费用少、效果好的目的。衡量经济信息流的组织合理与否，有交流关系的理顺程度、传输效益与费用的比率大小、决策者和其他用户的满意程度等标准。

为了更有效地开发经济信息源和组织经济信息流，需要建设经济信息系统。这是由从事经济信息工作的人员和设备所组成以提供经济信息产品和服务为目的的特定系统。它具有调查经济信息需求、管理经济信息资源，以及为经济预测、决策、调控提供信息支持的功能。信息系统是每个经济组织必不可少的子系统。它像人的神经分布于全身一样，渗透到整个经济组织的各个部分。经济组织越大、越复杂，它的信息系统越重要、越发达。经济信息系统可以是人工的、计算机化的，以及人工与计算机相结合的。把计算机用于经济管理，在我国始于1974年。到1985年，我国应用计算机还处于相对简单的数据批处理阶段。但在“七五”时期，我国经济信息系统建设取得了很大的成绩。中央的、地方的、部门的、企业的经济信息系统都有了一定的规模，开始在社会主义现代化建设中发挥作用。

（二）信息经济及其形成过程

对信息经济有两种理解。一种认为它相对于以物质形态的转换为特征的物质生产经济而言，是以信息形态的转换为特征的精神生产经济。另一种认为它相对于工业经济而言，是一种“后工业”经济，由工业生产信息化所致。上述理解都有一定道理，但后一种理解比较符合实际。

从微观上考察，信息经济是信息产品（和服务）的经济。确定一个产品是物质产品还是信息产品，要看它的消耗构成主要是物质（包括能源）消耗还是信息（包括知识）消耗。人们按照习惯还把为信息产品生产服务的物质产品（如电子计算机）算作广义的信息产品。因此，凡与信息产品的生产、分配、交换、消费有关的经济活动都属于信息经济的范围。

从宏观上考察，信息经济是信息产业的经济。当信息产业与其他产业（包括农业、工业、非信息的服务业等）相比在国民经济部门构成中占主要地位时，这种经济就成了信息经济。测定一个国家或地区的信息经济的发展程度，通常用国民生产总值、劳动者人数等指标按增值法、最终需求法、信息化指数法等方法进行计算。据计算，20世纪80年代后期，信息经济占国民经济的比重，发达国家为45%～65%，新兴工业化国家和地区为30%～45%，发展中国家低于30%，我国在1982年约为15%。

从经济发展和社会进步的全局考虑，信息经济的发展要与物质生产的发展相适应，其速度不能太慢也不能太快，其规模不能太小也不能太大，必须适度。就我国的现实情况来说，应在加强农业、调整与改组工业、发展服务业的同时，重视与促进信息业的发展，积极引导农业、传统工业和非信息服务业逐步实现信息化。

信息经济的形成过程也就是经济信息化的过程。对信息化存在几种认识。一种是从信息技术看信息化，认为它就是计算机化，或再加上通信化。另一种从精神生产看信息化，认为它就是知识化。我认为，信息化过程固然伴随着计算机应用的普及、通信的现代化、知识功能的强化，但是它有其自身的深刻内容，应当说它是信息活动（包括信息的生产、传播和利用）的规模相对扩大及其在国民经济和社会发展中的作用相对增大的过程。信息化的直接作用在于提高生产率和经济效益。据估计，信息化促进经济效益的平均倍增比率为1：3。信息化程度一般同经济、科技的发展程度成正比。我国尚处在工业化中期，必须正确处理工业化与信息化的关系，用工业化养信息化，以信息化促工业化，使两者互补共进。

信息技术的产业化是经济信息化的物质基础。信息处理、存储、复制、传递等技术已经历多次革命而发展成为以微电子为基础、计算机为核心、光纤和卫星通信为先导的现代信息技术。信息技术是一种先导性强、渗透性强的高技术。它对经济及其管理的变革产生着日益增大的影响。它转化为生产力的一大表现就是信息产业的形成和发展。信息产业是为产业服务的产业，有“第四产业”之称。起初人们把计算机产业、信息处理产业称为信息产业，后来又把它扩大到信息传播报道业、信息流通业、知识生产业。像印刷业、出版业、图书馆业等一些古老的信息产业通过用现代信息技术进行改造，也已面目一新。这样，信息产业成了与信息的采集、存储、传播、利用，以及信息设备制造、信息系统建设等活动有关的产业部门的总称。这是一个行业多、领域宽、涉及面广的大产业。信息产业的发展是以信息处理电子化、信息传输网络化、信息产品商品化、信息服务社会化、信息经营企业化为标志的。除了企业化和商品化的、独立的、赢利的信息产业部门以外，还有为政府和企业内部管理和决策服务的、非营利的、附属的信息部门。这些部门是隐含的信息产业，发展也很快，其作用不断强化。

尽管信息经济是信息产业发展的结果，但是前者的内容仍比后者广泛。例如，信息经济还包括非信息产业内部的信息经济问题，以及信息资源在信息产业与非信息产业之间的分配和利用问题，等等。

六 经济数学模型及其发展

经济数学模型是经济数量关系的数学描述。这种描述采取简化形式。它作为一种系统分析方法成了经济研究和经济管理的工具。

经济数学模型以经济理论为基础，这是因为模型内的要素及其相互联系需依靠理论分析来揭示，量的分析需由理论假设做前提，数据处理和模型运用也必须以理论为指导。经济理论用到模型中去时需具体化，形成假设，以便加以检验。合理的假设能使模型具有良好的功能。

数学关系式是经济数学模型的表现。它由变量、常量和参数所组成。变量有外生的和内生的两种。借助参数和常量，用外生变量的已知数值求解内生变量的未知数值，是模型的运算。选取何种数学关系式需视经济问题的原型中数量联系的类型而定。

模型是原型的简化。简化是有条件的。既不能超过研究对象所允许的误差范围，又不能违背数学方法所需要的前提条件。模型的用途是影响简化程度的因素之一。一般来说，理论模型比较抽象，应用模型比较具体。过于简化，不利于模型反映现实。过于复杂，不利于模型的处理和操作。模型的繁简，与经济分析的需要、分析人员的能力、取得资料的可能有关。

评价模型优劣的标准是吻合度与实用性的统一。前者指模型反映客观联系的拟合情况，后者指模型在客观实际中的应用效果。拟合好坏是效果大小的前提，效果大小是拟合好坏的证明。

对不同的经济问题可建立和应用不同的经济数学模型。按照经济数量关系的类型，经济数学模型分为经济计量模型、投入产出模型、最优规划模型、系统动态模型、状态空间模型，以及回归模型、时间数列模型、多目标决策模型、可计算全部均衡模型、高速增长（turnpike）模型，等等。这些模型十多年来在我国的经济研究和经济管理中都有所应用，有些还取得了较好的效果。值得注意的是，由于经济数量关系的复杂性，上述模型在实际工作中常常是几种模型相互结合使用的。这是因为每种模型都有自己的优点和局限性，综合运用可使它们取长补短、相得益彰。

按照经济构成的范围，经济数学模型分为企业的、部门的、地区的、国家的和世界的模型等。企业模型是微观模型，这是由企业为国民经济的细胞所决定的。国家模型是宏观模型，它反映一国经济活动的全貌。部门模型和地区模型也有综合性，尽管它们反映一个部门、一个地区的“宏观”情况，但从全国来看还是一种介于微观与宏观之间的中观模型。世界模型反映全球主要国家和地区的经济活动及其相互联系，堪称宇观模型。这几种模型目前在我国都已有了。最多的是地区模型，几乎每个省、自治区、直辖市，以及计划单列市都建立了自己的模型，并有不同程度的应用。有些专区和县也有自己的模型。至于世界模型，虽然迄今我国尚未自行建立，但是已成功地开发了国际双边模型，如中国贸易连接模型、1985年中日投入产出连接模型等。中、美、日三国模型也在研制中。我国还用自己的国家模型参加和连接全球性和地区性的世界模型。

我国于20世纪60年代初就提出要把经济数学模型用到经济研究和计划工作中去，自20世纪70年代末开始，进一步扩大用于计划工作以外的经济管理，为管理的科学化和现代化服务。模型在管理中应用的主要方面有企业经营管理（包括单项业务处理、综合计划管理、信息系统管理等）、国民经济分析（包括计算各种系数和分析各种比例关系，以及进行平衡测算等）、各种类型预测（包括月、季、半年、年度以及中长期的经济预测，还有景气分析、市场预测等）、政策评价或政策分析（包括政策变动对经济影响的各种模拟等）、地区综合规划和产业部门规划（除规划纲要的制订外，还有发展战略的研究等）、辅助决策（如投资决策支持系统的研究等）、宏观调控（如宏观经济控制论的研究等）。

上述各种应用对改进经济管理的作用是很明显的。首先，为发展预测开辟了道路。用模型预测补充了传统的经济预测，并使经济预测得以经常化、程序化、制度化。其次，为正确计划提供了工具。模型方法引入计划工作后，使数据协调、综合平衡、优化和动态问题等都能做得更好。再次，为科学决策奠定了基础。模型在决策中的应用，使决策得以体现系统的观点、贯彻可操作性的原则、符合优化或保证决策者满意的要求。最后，为改进管理增加了办法。模型方法是管理经济系统的重要方法，它能使管理者按客观经济活动的数量发展规律来管理经济。此外，还能有效地扩大培养人才的途径。随着模型方法的普及，新一代的管理人才在成长。他们思路清晰，知识面广，掌握了现代管理方法和技术。

经济数学模型及其应用在我国尤其是第七个五年计划期间发展很快。无论是建立模型的技术，还是连接模型的技术，或者运用模型的手段和环境，都有不少新发展。值得注意的是，模型的开发和利用，已逐步同数据库、计算机软件、管理信息系统、决策支持系统、现代化通信网络的开发和利用相联系，其发展不再是孤立的单项突进，而成为有机的综合体系。就模型体系本身的发展来说，也已开始趋向由下而上、逐步扩展、联结合成的道路，以低层次、小系统的模型为基础，开发高层次、大系统的总体模型。这样路子顺，效果好。

我国经济数学模型的发展也还存在一些问题。例如，建得多、用得少。对经济数学模型的修改、更新、维护，普遍很差。相当多的模型“寿命”很短，花了很大力气开发出来后，却被束之高阁，无人问津。这有许多原因。其中一个重要原因是管理体制上的问题，即模型的开发者与使用者是相互脱节的，导致模型的研制具有盲目性而其成果不能转化为“生产力”。又如，所建立的模型对经济体制变化产生的影响缺乏反映。这就是说，模型不能适应变动的需要。这使模型有可能成为一堆“死”的数学方程，而不是“活”的经济运动的真实写照。

经济数学模型的建立和应用，在经济数量分析中占有重要的地位，是数量经济学的一个中心问题。模型提供系统分析，它与其他数量分析比较，有许多优点。模型把所反映的问题当作一个系统，从总体上和从各种因素同时发生作用的角度进行综合分析。它能帮助人们从整体与部分之间、整体与外部环境之间的相互联系中考察和把握问题。在数量经济学中经济数学模型成了经济数量分析的主要方法。

建立和应用经济数学模型，有一定的步骤。它们包括理论和资料的准备，模型的定式、估算和检验，模型的求解和模拟，分析说明和实际应用。其中每一步都有丰富的内容，并构成数量经济学的有机组成部分。

由于经济活动体现着人的意志和利益，在阶级、社会集团的经济利益相互冲突、矛盾的情况下，客观的经济发展过程绝不会完全按照经济数学模型所反映的途径发展。再好的模型也很难或不能反映不同社会集团的经济利益问题。模型所说明的问题一旦触犯了人们的利益，特别是阶级斗争中的阶级利益，这些模型就会遭到强烈的反对。所以，在经济数学模型的发展过程中，由于人们的认识不同，也由于模型本身存在的局限性，总会有这样或那样的意见。我们应当进行正确的分析，把各种意见变成改进和完善经济数学模型的动力。

七 数量经济学及其影响

数量经济学在我国是一门新兴的经济学科。关于它的研究对象，曾有几种不同的观点。例如，“学派”论认为数量经济学是“马克思主义经济学的数理学派”，没有单独的研究对象；“计量”论认为“经济数量关系的计量”是数量经济学的研究对象；“管理技术”论认为数量经济学研究的是

"组织管理的方法和技术"；"经济数量关系"论则认为经济数量关系及其变化规律性才是数量经济学的研究对象。最后一种观点是我所提出和坚持的。对这个观点需从以下三个层次上来把握，即：（1）数量经济学是专门研究经济运动中的数量关系的。（2）数量经济学是用经济数学模型来研究经济数量关系的。（3）数量经济学有自己特有的经济数量分析的理论和方法论。我认为，数量经济学可分为理论数量经济学和应用数量经济学两个部分，前者以理论和方法论的研究为主，后者以理论和方法论的应用为主。我国的数量经济学主要研究社会主义社会的经济数量关系，但以此为目的，也要研究世界经济的数量关系。

数量经济学的研究对象决定了它的研究任务：在理论上，与其他经济学科相配合，揭示经济数量关系变化的规律性；在方法论上，为经济数量分析提供特定的方法和技术；在应用上，为改进经济计划和经济管理服务。

数量经济学的方法，首先是以唯物辩证法（质量互变规律、普遍联系和变化发展的观点，以及归纳和演绎、分析和综合、抽象上升到具体、逻辑和历史的统一等方法）为基础的；其次以现代科学方法论（系统论、控制论、信息论，以及现代数学）为依托；最后以各种经济数学方法（经济系统分析法、经济计量分析法、投入产出分析法、费用效益分析法、最优规划分析法、电子计算机模拟方法等）为具体内容。它主要是经济数学模型方法。

我国数量经济学的理论基础是马克思主义政治经济学和生产力经济学。数量经济学既研究生产关系方面又大量地研究生产力方面的数量关系，不仅需要由生产关系的而且需要由生产力的发展变化一般规律做指导。反过来，数量经济学使这些一般规律具体化、数量化，并赋予它们以经验表现的形式，以便在实际经济工作中加以利用。

我国的数量经济学与西方的经济计量学、数理经济学既有一定的联系又有本质的区别。它们之间的联系表现在：数量经济学有相当于经济计量学的经验计量部分，还有相当于数理经济学的理论方法部分；经济计量学作为数理统计学在经济研究中的应用和发展，与社会主义条件相结合后，也可以构成数量经济学的一个特殊部分；数理经济学作为经济理论分析的方法，在马克思主义经济理论的指导下，也可以被数量经济学用来发展自己的理论模型。它们之间的区别，就数量经济学与经济计量学来说，除理论基础（一个为马克思主义经济学而另一个为资产阶级经济学）、方法论（一个正确地估量数学方法的作用而另一个不恰当地夸大数学方法的作用）、研究目的（一个为社会主义国家改进计划和管理服务而另一个为资本主义国家政府干预经济和企业经营生产服务）不同外，两者的研究内容和范围也有差别，前者宽而后者仄，一个还研究确定性的、抽象的经济数量关系，另一个只研究随机的、经验的经济数量关系；就数量经济学与数理经济学来说，无论在理论性质、学科性质上，还是在具体作用上都有不同，数理经济学在发展过程中虽已从庸俗的资产阶级经济学的一个流派逐渐演变为一种分析方法，但它脱离经济现实，未能变成实用工具，而数量经济学不仅研究理论模型，还研究应用模型，并构筑起从前者通往后者的桥梁，强调实用。

西方的经济计量学和数理经济学的历史，比我国的数量经济学分别早约30年和90年之久。对它们的兴衰，我们应进行客观分析，以供发展数量经济学参考。对其中有益的和有用的东西，包括一些方法和个别具体的理论都应加以吸收。要去其糟粕而取其精华，达到“为我所用”的目的。

我国数量经济学的发展始于20世纪50年代末60年代初对经济数学方法的研究。至20世纪70年代末，在社会主义现代化经济建设的推动下，数量经济学的发展出现了一个大的转折，即从过去的少数人断断续续的探索、研究转到经济研究工作者与搞数学、工程的同志相结合大规模地开展实际应用的开发研究。可以说，20世纪80年代是我国数量经济学大发展的10年。这主要表现在理论研究日益深入、实际应用日趋广泛、国内外学术交流日益活跃三个方面。与此相适应，该时期的发展有以下明显的特点：实际应用比理论研究发展快，方法研究比数量关系分析多，参加的自然科学工作者比社会科学工作者数量大。

在20世纪80年代大发展的基础上，我国数量经济学在20世纪90年代还会取得新的更大进展。这是因为经济管理的现代化、经济决策的科学化、经济预测的经常化、经济计划的革新化，以及经济科学的精密化，将对数量经济学提出越来越大的社会需求。还因为在数据供应和计算技术、设施方面，在学科建设和队伍规模、素质等方面的进步，都将使我国数量经济学进一步发展成为客观可能。

数量经济学在未来的发展，一要坚持中国化，二要注意多样化和信息化。所谓中国化，就是从中国的实际出发，走中国自己的道路，有中国的特色，为中国的实践服务。归根到底，是要正确处理学习、借鉴与创新发展之间的关系。所谓多样化，就是要正确处理今昔、新旧之间的关系，反对守旧、停滞、单一化，做到“继往开来，推陈出新”。多样化是国内外数量经济学的共同趋势，它表现在数量经济学的内容日新月异和流派层出不穷上。所谓信息化，就是要正确处理发展与效率之间的关系，在发展中提高效率，在效率提高中发展。这就需要在数量经济学的发展中加强数据研究、开发研究、情报研究、比较研究、综合研究。在上述“三化”中，中国化是主体，多样化和信息化是两翼。只有主体，没有两翼，则其发展不会丰满，也不会迅速。只有两翼，没有主体，则其发展缺乏灵魂，会陷于盲目状态。在两翼中，多样化与信息化是相辅相成的，多样化会导致信息化，而信息化意味着多样化。

我国数量经济学的发展已经、正在和将要产生越来越大的影响。这不仅表现在为经济发展和经济改革的服务中所造成的巨大促进作用，特别是一系列数量界限即度的问题、数量联系即比例问题的正确解决所带来的积极后果，还表现在为整个经济科学本身的进步和革新所创造的强大推动力量。一方面数量经济学的分立体现了经济科学的发展，另一方面数量经济学的发展加强了经济科学数量化、工程技术化、非经济因素化的趋势，即精密化的趋势。

八　信息经济学及其未来

信息经济学是在人类脑力劳动大解放的时代产生的。这个时代的特点有：（1）信息、知识、智力日益成为社会发展的决定性力量。（2）信息技术、信息产业、信息经济日益成为科技、经济、社会发展的主导因素。（3）信息劳动者、脑力劳动者、知识分子的作用日益增大。（4）社会经济生活分散化、多样化、小规模化、非群体化的趋势日益加强。这些特点说明，信息经济学的发展从根本上取决于社会经济信息化的程度。

信息经济学的兴起是以信息技术与信息经济的发展为条件的，以信息科学与经济科学的演变为源泉的，同时还与信息资源的开发和利用在社会进步中日益显得重要有关。

从信息经济学在20世纪60年代初正式出现算起，至今还只有30年的时间，历史并不长。在国外，信息经济学的研究是从微观的和理论的方面起步的，把信息作为一种经济物品来分析，着重研究它的成本、价值，及其对工资、价格等的影响。以后又扩大到宏观的和应用的方面的研究，对信息经济进行定义、测算和分析。随着信息系统的建立和发展，信息经济学还研究信息系统的评价原理、方法、对管理决策的作用和效益等问题。

我国对信息经济学的研究始于20世纪80年代中期，是在新技术革命的浪潮中提出来的。从我国的实际出发，结合我国信息系统建设和信息经济发展的实践，建立有中国特色的信息经济学的任务，已摆到经济科学的议事日程上了。

尽管信息经济学尚不成熟，但是国内已有不少学者对信息经济学发表了自己的见解。最先有人提出“经济信息学”，后来又有人提出“社会主义信息经济学”。我认为，从目前有关信息经济学的文献和研究工作实践看，信息经济学研究的主要内容可归纳成三大方面和八类问题。这三大方面有：（1）信息的经济研究。（2）信息经济的研究。（3）信息（学）与经济（学）关系的研究。其中，第一个方面研究的内容包括信息的费用与效用问题、信息资源的分配与管理问题、信息系统的经济评价问题等三类。第二个方面研究的内容包括信息产业的形成与发展问题、信息经济的含义与测量问题、信息技术对经济发展的影响问题等三类。第三个方面研究的内容包括信息与经济的相互关系和作用问题、信息学与经济学的相互交叉和结合问题两类。上述每一类问题中研究的内容又有很多。例如，在信息的费用与效用这类问题的研究中，就包括作为商品的信息的使用价值、价值、成本、价格等经济问题，以及信息要素与信息劳动的作用、信息产品与服务的生产、信息的经济效果及其比较、信息商品及其买卖所引起的诸问题等。

总之，信息经济学的研究是以信息活动的经济问题和经济活动的信息管理为内容的。

那种按传统经济学的模式来理解信息经济学的内容，认为信息产品的生产、交换、分配、消费是信息经济学研究的问题，似乎信息经济学是由于信息产品从产品中分列出来而独立于经济学的认识，是不尽符合信息经济学产生和发展的历史事实的。同时，还应注意，信息经济学没有也不可能去研究信息产品的非生产性消费问题。

信息经济学是一门新型的经济学科。它适应信息社会的需要，体现信息经济的发展，最能充分反映经济活动中信息及其交流的特征，并积极为提高生产率和竞争力、节约和开发资源、优化资源配置、发挥组织机构的作用服务。信息经济学在20世纪90年代会有大的发展，在21世纪将有更大的发展。这是可以预料的。把信息经济学称为“21世纪的经济学”，如果指的是它将在21世纪热门起来，在经济学中会处于十分重要的地位而成为经济学的一个重要分支，那么这也是无可非议的。

信息经济学的发展，一方面固然以整个经济学的发展为基础，另一方面又会促进经济学本身的变革。在传统的经济学中，信息被看作同空气和阳光一样的自然资源，所有的经济理论都是以拥有充分的信息为前提的。信息经济学的出现，使经济学把信息作为需要支付代价的经济资源来处理，并把经济理论置于信息不充分的现实环境中。信息经济学的发展还要求经济学改变对经济行为进行分析时所做的基本假设，如生产函数和消费函数的连续性、凸性假设；更新市场理论中的“理想竞争”“普遍均衡”等陈旧观念；考虑影响经济理论的新因素，例如国际贸易理论中跨国数据通信的巨大作用等。

在信息经济学发展的同时，通信经济学、计算机经济学、软件经济学、科技情报经济学、知识（包括教育）经济学等也在发展。这些经济学科可以说是信息经济学的姐妹学科或分支学科。不管怎样说，它们会连同信息经济学共同构成经济学领域内一个新的有内在联系的学科群。信息经济学在未来的发展，与这个学科群整体的发展息息相关。

九 经济研究的革新问题

我国的经济研究长期以来偏重基础研究而忽视应用研究，重理论而轻方法，只有质的分析而缺乏量的分析。这种状况近十几年来有所改变，但改变还不够大和快，急需革新。

基础研究是重要的，搞不上去会影响整个研究工作的后劲，也不利于科学创新。但研究成果要转化为生产力，必须加重应用研究的分量。要知道，经济研究最终是为经济实践服务的，它应当促进社会生产力的发展。许多发达国家都十分强调经济研究的实用性。

把理论奉为“上品”而把方法视作“小技”那种置方法与理论于对立地位的认识，是不正确的。科学实践证明，新的方法经常导致新的理论。解决问题的方法，其意义不亚于问题本身的提出。科学是系统的知识以及获得这种知识的方法。科学研究的进步不仅表现在回答、解决问题的范围不断扩大上，还表现在所使用的方法及其效率不断提高上。

量的分析与质的分析是统一的。要发展经济研究，必须在强调质的分析的同时积极发展数量分析。把客观事物的质表现为量，是人们加深对客观事物的认识的重要标志。量的研究往往为人们发现新的质创造条件。在现实生活中，人们从事经济工作有追求数量而忽视质量的表现，人们从事经济研究却有停留于质量分析而不重视数量分析的表现。这看起来是矛盾的，实际上正好表明经济工作与经济研究都处于低级阶段，前者的发展以外延型为主，后者的水平同前者相适应，是一种外延型经济的研究。当经济工作发展到内含型为主的阶段时，它就要强调质量了，同时对内含型经济的研究也就相应地更需要重视数量分析了。

经济研究要创新，就必须革新。革新既是经济实践不断发展提出的要求，又是科技进步日新月异促成的现实。

当代科技进步突飞猛进。它有日常的细小进化和关键的重大变革两种表现。从变革上看，现代技术更多地以科学试验为基础，有与科学一体化发展的趋势，并对生产的影响越来越大。技术革命推动了生产力革命。这场革命是以高技术和新产业的迅速发展为特征的。

高技术是知识密集、学科综合、开发周期短、产生影响快而广的一类技术。如电子技术、计算机技术、光纤数字通信技术、自动化和人工智能技术、新材料技术、生物技术、空间技术、海洋技术等。这些技术的发展不是孤立的单项突破，而是互有联系的群体崛起。高技术以信息技术为基础和先导。信息技术的应用已从国防军事和宇宙探索，推广到政府和企业的管理、社会服务、家庭和个人生活。高技术的发展使产业结构发生了根本变革，出现了一批以技术密集和知识服务为特征的信息产业。它包括电子产业、计算机产业、软件产业、咨询服务产业等。还形成了一批高技术产业的中心基地，即科学、技术、生产一体化的地区。

“经济学家要永远向前看，向技术进步这方面看，否则他马上就会落后。”① 我们必须充分注意到，世界高技术、新产业的大发展，对经济研究正在产生着深远的影响。这表现在：

1. *向经济研究提出了新课题* 诸如：从生产力发展的规律看，产业结构演变的方向应当是什么样的，如何促进这种演变，我国能否利用这种变动趋势，以缩短与经济发达国家的差距；新兴产业与传统产业的关系应当是什么样的，如何使它们相互促进；科技进步与经济发展之间的关系，前者如何促进后者及其影响程度，后者又如何制约前者及其保障程度；与产业结构相联系的技术结构、资源结构、教育结构、劳动力结构应当如何调整达到合理化等。

2. *使经济研究产生了新方式* 越来越多的课题尤其是方案分析、对策研究之类的课题，已不能就经济研究经济，而必须与科技、社会紧密联系起来进行综合研究。经济学家需要突破经济科学的界限，同自然科学家、工程师、技术人员以及其他各种专家、学者相结合，从事跨学科、多学科的研究。从经济研究本身的发展趋势看，随着战略研究、比较研究、未来研究、国际研究、模拟研究等方式的兴起和发展，它要求掌握的信息量越来越多，知识面越来越宽，研究手段越来越复杂，也势必要有经济信息人员、系统分析人员、程序设计人员、计算机语言研制人员等各种有专长的人才相配

① 列宁：《土地问题和“马克思的批评家”》，《列宁全集》第5卷，人民出版社，1959，第120页。

合，同时要组织经济学内部各分支学科专业人员的广泛合作。这就使真正从实践中来为解决实际问题服务的重大研究课题的组织变成了一项“工程”，需要用系统工程原理采取矩阵形式、网络形式，或其他更先进有效的形式来组织各类研究人员，使他们在总体研究中协同作战，各显神通，都能最大限度地贡献自己的力量。

3. *为经济研究装备了新手段* 与科技进步的形势相比，那种靠一支笔、一叠纸、几本书进行写作的研究方式日趋落伍了。复印机的推广，使手抄资料相形见绌。文字处理机的发明，使研究报告通过打字来散发的方式陈旧不堪。尤为瞩目的是，电子计算机的应用和通信网络的建立，各种数据库和文件库的涌现，电子化图书资料中心的发展，多种多样的现代化学习、研究设施（如收录机、放大仪、缩微胶卷、视听装置、图像显示器、快速检索用具等）的普及，正在使经济研究的手段发生根本性变化。经济研究手段现代化，是与现代化经济研究的发展相适应的。经济学家如果不站在电子计算机巨人的肩上，是很难适应时代的需要的。

经济研究的革新，除了观念更新外，重要的是研究方法的变革。科学史表明，研究工作的重大进展，往往来源于研究方法的变革。19世纪的实验科学以分解方法为基础，20世纪的综合性科学则以系统方法为基础。从分解方法到系统方法，是研究方法的飞跃，它极大地促进了现代科学的发展。

新中国成立以来，我国经济研究采用的方法，一般都是传统方法。但在经济科学现代化的进程中，也出现了新的研究方法，即现代方法。

传统的经济研究方法，是抽象的分析方法。马克思指出，经济研究既不能靠显微镜，也不能靠化学反应剂，只能依靠思维的抽象力。通常运用这种方法时，首先从马克思主义经典著作和党的文件中寻找指导思想，其次深入实际进行调查以获取可供进一步做理论概括的原始资料，再次广泛收集同类问题的有关论著并对其中的不同观点加以比较和评价，最后进行集体讨论达到集思广益的目的。与上述传统方法相适应，各种图书资料和文具成了主要的研究手段，研究人员的个体写作，包括以此为基础的集体写作便是占统治地位的研究方式。

现代的经济研究方法，是以运用数学方法与电子计算机为特征的系统方法，也可以称为模型方法。模型是对现实的抽象。从这个意义上说，现代方法是传统方法的具体化和发展。经济研究中所用的模型，有文字模型、数字模型、数学模型、模拟模型等。模型的作用除了清晰思维外，主要是反映和解释经济实际，预测和控制经济行为。现代方法还在经济研究中吸收了数学、物理学、生物学、心理学、工程技术学等所采用的系统论、控制论、信息论、耗散结构理论、协同论、突变论等一系列科学方法。采用上述现代方法，与传统方法相比更需要有充分的数据。这就要求研究人员去发掘适用的数据，并对它进行深加工。与现代方法相适应，研究手段必须现代化，研究方式也必须现代化。新的研究方式必然是大集体的，它需要集中较大数量的各类专家学者，进行多学科、跨学科的合作研究，并用系统工程方法加以组织管理。这种研究方式有助于把经济与社会、科技、生态、环境、人口、资源等联系起来进行综合研究。

经济研究中传统方法与现代方法的关系，犹如管理实践和计划工作中传统方法与现代方法的关系一样，两者不是互相排斥的，而应当把它们结合起来，互相补充，使之相得益彰。一方面，传统方法需要改进和提高，向现代方法迈进。对现代方法闭目塞听，拒之于千里之外，是不利于经济研究的，也有碍于经济科学现代化。另一方面，要从实际出发，充分认识到传统方法至今依然是经济研究方法的主体和基础。即使经济科学实现了现代化，传统方法对于单科性的、基础性的、质的问题的研究，仍然会是很有效的。采用什么样的研究方法，取决于所研究的问题的性质。很明显，在目前对社会主义现代化建设中许多重大的综合性问题的研究，光靠传统方法已不能适应需要了，必须同时采用现代方法。当然，现代方法的采用是有条件的。没有必要的条件，现代方法的作用是发挥不出来的。从发展观点看，两种方法的划分只具有相对的意义。在今天被认为是现代的方法，随着时间的推移，也会变成将来的传统方法。研究方法的发展，是有继承性的。没有传统的方法，谈不上现代的方法。但是，研究方法要革新，研究手段要更新，研究方式要创新，这是经济研究不断深化的客观要求，也是经济科学发展的必然趋势。所以，我认为，在传统方法的基础上采用现代方法，就能把经济研究特别是其中的应用研究提高到一个新的水平。

十　社会科学与自然科学的联盟

现代科学的发展促进了社会科学与自然科学的联盟。科学与其研究对象——客体一样，本来就是一个整体。它被区分为不同门类，是人类认识发展过程所造成的。因为科学的认识活动，始于对个别实体的研究，才能进到它们之间的关系及其整体的研究。如果说学科专门化是19世纪科学发展的特点，那么学科综合化、整体化则是20世纪科学发展的趋势。综合化是在专门化基础上进行的局部的整体化，而整体化是在更大范围内和更高程度上发生的全面的综合化。自然科学与社会科学相互渗透、结合，是现代科学发展的大趋势。其特点是这两类科学已开始从各自方面来共同研究人类社会现阶段急需解决的大范围综合性问题。因此，出现了自然科学与社会科学之间的多学科、跨学科研究，以及自然科学工作者与社会科学工作者的合作与联盟。

在这方面，经济科学走在其他社会科学的前头。首先，经济科学成功地应用了自然科学所采用的一系列公共的科学方法，包括数学及其方法，系统论、控制论、信息论等横向科学及其方法。一门科学的完善程度可从它成功地运用数学的状况反映出来，还可从它能否有效地运用横向科学方法来研究特定的系统、控制和信息问题反映出来。这些公共的科学方法不仅把经济科学同自然科学沟通、连接起来了，而且用于经济科学后还与经济科学的特点相结合，逐渐具体化，变成专用的科学方法，以至发展成为一系列具有自然科学特点的新的经济学科。数量经济学、信息经济学等新学科的形成，就是比较典型的事例。

其次，经济科学由于世界新技术革命的推动已在技术、生产、管理的研究中同自然科学相汇合。世界新技术革命体现在科学、技术的一体化，并促进了科学、生产、管理的一体化。技术、生产、管理这三个紧密联系的环节日益成为经济科学与自然科学的公共研究领域。自然科学开发技术，从技术方面研究生产，对管理中的工艺、技术、方法等问题进行研究，把科学变成直接生产力。经济科学评价技术，研究技术的经济合理性，选择适用的技术；同时从生产关系和生产力组织管理方面来研究生产；以及除了从人对人的管理来研究管理外，还从方法、效果等方面来研究人对物的管理。在这里有许多问题的研究，是自然科学与经济科学相交叉的。管理科学与管理方法就具有自然科学与社会科学的两重性。经济科学像自然科学通过技术转化为生产力一样，正在通过计划和管理直接影响生产力的发展。

最后，经济科学比其他社会科学更有力地向自然科学渗透，并对自然科学起促进作用。经济科学一方面较多地接受自然科学的影响，另一方面又积极地反作用于自然科学。经济效果的理论和方法用于自然科学的研究活动及其成果的评价问题即为一例。经济评价和经济选择是经济学家与自然科学家在共同研究中能够做出自己贡献之所在。当然，经济科学向自然科学的渗透，远远比不上自然科学向经济科学的渗透，这是经济科学相对于自然科学来说发展较慢的表现。经济科学与自然科学的进一步结合，有利于改变经济科学的落后状态。经济科学，离开马克思主义指导不行，但马克思主义指导不能取代具体的经济研究。由于历史和社会的原因，我国的经济科学同自然科学相比较，明显相对落后。近几年来我在参加同自然科学工作者合作研究的过程中，深感传统的经济研究工作有很多不适应的地方。这突出地表现在：（1）思路不宽。由于条条框框的束缚，创新乏力。遇到跨学科、多学科的问题就裹足不前。因缺乏自然科学与工程技术方面的知识，对许多边缘的、交叉的实际经济和管理问题，往往兴趣不大。习惯于空泛的研究，而不精于具体的方案比较与实施的操作程序。（2）方法不多。在应用研究中虽已强调数量分析方法，特别是模型方法，但在基础研究中所用方法依然少而旧，未见革新。（3）手段不新。停留在主要依靠图书报刊的阶段，而国外的图书报刊也不多不全。当电子计算机开始使用时，大多数研究人员却不会用或不善于用。很少使用数据库、情报信息系统、现代化通信网络，甚至基本上没有用。（4）组织不善。研究方式仍以个体的手工劳动为主，而现代的研究课题越来越群体化，需进行总体设计、课题分解、组织协调、综合集成。在研究组织中，往往人员不配套、档次拉不开、团结协作精神差，甚至发生内耗，影响整体任务的完成。

此外，我也感到自然科学工作者在合作研究中虽有以经济建设为“主战场”的热情和勇气，但不少同志对实际经济问题的复杂性估计不足，好简单从事。

不管怎么样，应肯定的是：经济科学工作者与自然科学工作者在合作研究中可以相互学习、取长补短。他们开始时缺乏共同语言，但到后来共同语言日益增多，以至大家都认识到，看起来迥异的科学恰有着惊人相似的共性。

毫无疑义，经济科学的落后状况要靠其研究人员在它本身的发展过程中逐步加以改变。但当它与自然科学相接触时，其落后性会暴露得更清楚。这将促使其研究人员下决心去缩短差距。

社会科学与自然科学结成联盟的形式很多。例如，设置兼有社会科学与自然科学专业的双学位、双职称，就是一种重要的形式。但是最基本和最有效的形式，仍是开展横跨社会科学与自然科学两大门类的合作研究。这种合作研究有利于发展社会科学与自然科学相交叉的边缘性或综合性的一系列新学科。

当然，社会科学与自然科学的联盟并非易事。它一定会遇到种种困难和阻力。因此，从根本上说，我们还必须从教育入手。在目前，多培养跨学科的复合人才。在将来，要从小培养文理结合的学生，以便早日在我们的晚辈身上更好地实现社会科学与自然科学的结合。

140多年前，马克思就预言："自然科学往后将包括关于人的科学，正像关于人的科学包括自然科学一样：这将是一门科学。"① 上述预言正在向现实转化。

（原载《我的经济观》第一卷，江苏人民出版社1991年版）

① 马克思：《经济学哲学手稿》，《马克思恩格斯全集》第42卷，人民出版社，1979，第28页。

第二篇

与时俱进的经济学与管理学

一 经济学和管理学是工业革命的产物

工业革命，即恩格斯最早在1845年出版的《英国工人阶级状况》中提出的“产业革命”，是农业社会中以手工技术为基础的工场手工业向工业社会以机器大工业为基础的近代工厂制度转变的过程，它既是生产力的革命，又是生产关系的革命。工业革命的政治前提是资产阶级革命和殖民主义战争。工业革命的科技基础是16—18世纪数学、物理学、机械学等自然科学的进步和18世纪60年代至80年代纺纱机、蒸汽机的发明与应用。工业革命发轫于英国，从18世纪30年代开始，以纺织业为先导，遍及印染、冶金、采掘、化学、交通运输、机器制造、印刷和造纸等各种产业，历时100年左右，至19世纪30年代基本完成。继英国之后，法国、德国、美国从19世纪20—30年代至70—80年代，俄国、日本从19世纪下半叶至20世纪初，依次以50年或稍多的时间陆续进行和完成了工业革命。其中，美国由于没有封建残余的束缚，在工业化过程中还实现了资本主义大农业。另一个值得关注的变化是，由于法国和德国特别是美国在工业化长过程中抓住了重点发展钢铁、电力、汽车、信息通信等产业的历史机遇，使世界科技中心和经济中心在文艺复兴以后由东方转移到西方的基础上，又完成了从英国到法国再到德国最终到美国的历史大转移。

工业革命推动了机械化、电气化、自动化，促进了市场化、社会化、全球化，使资本主义彻底取代了封建主义，并催生了社会主义，使经济和管理的实践发生了根本性变化，在此基础上经济学和管理学逐步发展起来。

经济学出现于工业革命酝酿期的17世纪中叶，形成于工业革命中后期的19世纪初。经济学的代表人物集中在工业发达的英国、法国、德国以及后来的美国。尤其是英国，有被马克思称为“政治经济学之父”的配第（William Petty，1623—1687年，其代表作是1672年写成、1690年出版的《政治算术》）开始，有斯密（Adam Smith，1723—1790年，其代表作是1776年出版的《国民财富的性质和原因的研究》）、李嘉图（David Ricardo，1772—1823年，其代表作是1817年出版的《政治经济学及赋税原理》），后来还有主张从自由放任转向国家干预的凯恩斯（1883—1946年，其代表作是1936年出版的《就业、利息和货币通论》）。法国有重农主义学派的布阿吉尔贝尔（P Pierre Le Pesant, sieur de Boisguillebert，1646—1714年，其代表作是1695年出版的《法兰西详情》）和魁奈（Francois Quesnay，1694—1774年，其代表作是1758年出版的著名的《经济表》），以及抨击把财富积累作为目的的西斯蒙第（Jean Charles Leonard Simonde de Sismondi，1773—1842年，其代表作是1819年出版的《政治经济学新原理》）。德国除历史学派李斯特（Georg Friedrich List，1789—1846年，其代表作是1827年出版的《美国政治经济学大纲》）外，就是马克思主义政治经济学（创立于19世纪中叶）的创始人马克思（Karl Heinrich Marx，1818—1883年，其主要代表作有1867年出版的《资本论》第一卷等）和恩格斯（Friedrich Engels，1820—1895年，其主要代表作有1876—1878年陆续发表的《反杜林论》等）。经济学在美国出现比较晚，最早的代表人物有从静态分析转向动态研究的约翰·贝茨·克拉克（John Bates Clark，1847—1938年，主要代表作是1907年出版的《政治经济学要义》）、制度学派创始人凡勃伦（Thorstein Bunde Veblen，1857—1929年，主要代表作是1934年出版的《我们的正在变化中的制度论文集》）、研究经济周期的权威韦斯利·克莱尔·米切尔（Wesley Clair Mitchell，1874—1948年，主要代表作是1951年出版的《经济周期中发生的现象》），但美国经济学发展特别快，至20世纪达到了高峰。从1969年开始的35年来，诺贝尔经济学奖的获得者绝大多数是美国经济学家，没有任何其他国家可与之媲美。

从经济学的形成过程看，它是在工业革命的社会影响下发展起来的。经济学所研究的主要是工业社会的经济问题。但马克思和恩格斯提出了广义政治经济学，主张研究人类各种社会的经济发展规律，他们自己的研究范围并没有限于资本主义工业社会生产关系研究，对未来的共产主义社会生产关系也做了论述和预见。

工业革命对管理学形成的影响不同于经济学，是在工厂制度普遍建立后管理经验在英国的积累和向其他国家的推广过程中体现出来的。这个过程进展缓慢。直到19世纪中后期，美国出现了铁路建设热潮，开始有了“股份公司制”，并扩展到全部工商企业，产生了“经理革命”。当时美国持续了近100年的社会性管理研究潮流即“管理运动”，使经验管理演变成为由美国工程师泰勒（F.W.Taylor）在1895年提出的“科学管理”。泰勒于1911年发表了重要著作《科学管理原理》。嗣后，分散的、偶发的、不完备的管理思想和管理经验就发展成为比较完整的管理理论和方法（包括企业制度、组织结构和管理规则等）。从泰勒制（企业通过科学的劳动组织来提高劳动强度和劳动生产率的管理制度）到福特制（1913年福特汽车公司采用的大批量产品流水生产线作业的管理制度），既是科学管理的进步，又是工人对资本和机器的依附性的增强。由于管理学更偏重于实践，它作为一门独立的科学，比经济学诞生要晚一个多世纪。在工业革命中后起的国家涌现的管理学先驱反而更有影响。例如，古典管理学的三位先驱，有一个是前面提及的泰勒（1856—1915年），另一个是德国的韦伯（Max Weber，1864—1920年），最后一个是法国的法约尔（Henri Fayol，1841—1925年）。他们差不多是同时代人。泰勒被誉为“科学管理之父”，他的贡献在于用科学化、标准化的管理方法取代旧的经验管理。韦伯是三人中唯一的教授，著有《社会和经济组织的理论》一书，其贡献在于指出理想的组织应以合理合法的权力为基础，这满足了有效地维系组织连续性和达成组织目标的需要。法约尔的一般管理理论在欧洲影响较大，他认为管理的理论和方法不仅适用于企业，也适用于军政机关和社会团体 。

二 信息革命对经济学和管理学的影响

信息革命源于20世纪中后期的美国。它继工业革命掀起机械化、电气化、自动化运动之后，又在此基础上发动了席卷全球的数字化、网络化、智能化新浪潮。这一浪潮冲击着人类社会活动的每个角落，使电子政务、电子商务、电子社区、网络企业、网络金融、远程教育、远程医疗、数字地球、虚拟合作、智能网络、信息战争等新事物五彩缤纷，令人应接不暇，几乎来不及学习。应当看到，这次信息革命“目前仅仅是揭开了一个序幕”，“可能会持续几十年，甚至在整个21世纪不断发展”①。

信息革命既是科技革命又是产业革命，它必然会导致社会经济关系和上层建筑的深刻变化。但有一种观点把农业革命、工业革命之后的信息革命仅仅归结为以纺织工业、钢铁工业、石油和重化工及电力工业、汽车工业为主导的前四次“产业革命”之后以IT产业为主导的“第五次产业革命”，并认为以何种产业为主导尚未测准的“第六次产业革命”正在到来②。当然，产业革命应怎样定义、按什么标准来划

① 周宏仁：《信息革命与信息化》，人民出版社，2001，第496页。

② 赵晓：《第六次产业革命的方向》，原载于《深圳商报》，摘载于《光明日报》2004年5月25日。

分、历史上已发生过几次等问题，都可以探讨，但IT产业革命不等于信息革命，后者还包括传统产业的信息化改造，即使IT产业革命也远未结束，因为新一代的互联网和电信等产业正在迅猛发展中。

信息革命对经济和管理产生的深刻而又深远的影响，必然会反映到经济学和管理学的发展上来。同时，信息革命还会通过研究手段信息化直接影响经济学和管理学的发展。

关于信息革命对经济学的影响，早在1997年我就撰写专文做过论述，这里只择要说明其主要表现：

1. *研究客体有变化*　以往经济学研究的主要是工业社会的经济及其发展规律性。随着工业社会在信息革命的推动下向信息社会转型，经济学还需要研究工业经济向信息经济过渡以及信息经济及其发展规律性等新问题。以往经济学研究的客体局限于物质资源（包括能量资源）配置问题和物质资料的生产、交换、分配、消费问题，由于信息革命的影响，人们认识到信息（包括知识）也是重要的资源，信息资料的生产、交换、分配和消费有与物质资料不同的特性，信息的流动还能对物质资料的流动起反映和引导作用，因此经济学需要扩大自己的研究客体。可以说，经济学面临"新经济"的挑战，正处在一场大革命的前夜。由萨缪尔森等主编的2001年出版的第17版《经济学》教科书，已对这些变化有所反映，如扩展了信息经济学的内容，包括信息定价、网络效应、信息网络经济，等等。

2. *研究视角也有变化*　传统经济学的研究往往不把信息视为变量而当作常数来处理，总是假设信息是充分的、完备的、对称的，像空气和阳光一样不需支付任何代价，但事实上，信息却是不充分的、不完备的、非对称的、有成本的，而且有时成本还很高。我们把这些前提引入假设，一系列经济理论就需要做相应的修正或改变。信息是研究经济问题的一个新颖的视角，也是一个非常重要的条件。信息的特性——非对称性影响着个人、企业、市场和政府的经济行为。在经济发展中，不确定性因素在增加，风险程度在提高，为排除不确定性和减少风险，信息的重要性会越来越凸显。

3. *研究方法和手段更有变化* 信息革命加强了自然科学奔向社会科学的巨大潮流，也促进了社会科学与自然科学的联盟。经济学作为最先与自然科学联姻的一门社会科学，分享信息革命的成果较早较快，它积极引入电脑模拟方法、信息与信息模型方法、未来研究方法等一系列源于自然科学和工程科学的方法，并广泛采用现代信息技术包括网络技术等先进手段，纷纷建立电子商务实验室、金融实验室等研究基地，以改进自己的装备。

如果说工业革命对管理学形成的影响慢于经济学，那么信息革命对管理学发展的影响，却比经济学来得快和更为显著。这是因为管理学的实践性强于经济学，信息革命促进管理变革比促进经济变革相对来说要容易一些，经济变革更多地涉及不同利益集团利益关系的调整。

关于信息革命对管理学的影响，我曾在2000年做的学术报告《论管理科学的发展》中有所论述，这里也只择要说明其主要表现：

1. *发展方向变了* 在信息革命的推动下，管理学正逐步从物本主义为主向人本主义为主进化，从科学理性为主向人文价值为主提升，从操作研究和战术研究为主向战略研究为主转变，从内部管理研究为主向内部管理与外部管理相结合而以外部管理研究为主发展。沿着上述方向发展的管理学具有同更多的其他学科（如信息学、工程技术学等）相交叉、与不同的管理理论和管理思想（如西方的和东方的管理思想）相互融合的趋势。

2. 研究内容也有变化　虽然管理学研究的组织理论、经营理论、管理方式方法这些内容没有变，但由于信息革命的影响，在工业社会形成的金字塔式层阶组织正在向扁平型和网络型组织转变；经营思想已从单纯追求利润最大化改为赚取利润的同时承担必要的社会责任，以实现公共的社会目标；管理方式由事先不管客户实际需要的批量化生产变为按订单生产，以满足客户的多样化和个性化需求。无论是组织理论还是经营理论或者管理方式、方法，也都相应地发生了变化。更大的变化还表现在传统的工业管理研究向现代的信息管理和知识管理研究转变，创新管理、风险管理、网络管理、数字化管理、虚拟组织管理、结果驱动型管理、可持续发展管理等各种新管理层出不穷，对它们的研究，以及对合作竞争模式、管理非理性和非制度性因素的研究，也都极大地加强了。

三　经济学、管理学和金融学的关系

工业革命催生了经济学和管理学，信息革命促进了经济学和管理学的现代化，并使金融学从经济学中独立出来而同经济学、管理学相并列，形成三足鼎立的局面。

经济学包括理论经济学和应用经济学，自20世纪最后20年以来有着特别迅速的新发展，非均衡理论、非线性理论、信息非对称理论、委托代理理论、产业规制理论，以及新增长理论、新制度经济学理论等不断涌现。经济学为我们研究经济行为和经济现象提供了一整套分析方法，也为我们分析各种经济问题扩大了视角，确立了新的参照系。研究经济问题不能就经济论经济，而应联系社会、政治、科技、文化、环境等因素扩大视野，所用的方法也不能单打一，而应综合运用多种方法。各种经济分析方法备受关注，有些方法如分析个人行为的微观经济计量方法、代理人在有限选择中进行选择的“分离选择”方法等，这些方法的发明者赫克曼（James J. Heckman）、麦克法登（Daniel L. McFadden）还因此而获得2000年诺贝尔经济学奖。“工欲善其事，必先利其器。”经济学研究的任何创新往往是同分析研究方法的突破分不开的。自1969年至2003年共35届诺贝尔经济学奖的主要研究领域，除一般均衡理论、宏观经济学、微观经济学、交叉科学研究4个领域外，最后第5个领域就是经济分析新方法。迄今为止，这一领域获奖的得主都是从事数量经济学和信息经济学研究的学者。

在管理学方面，随着信息时代的到来，由于管理不再限于完成既定的任务而需要不断创新，管理的对象不再只有体力劳动者而更为重要的还有智力劳动者，管理不再是与文化无关的科学且已不囿于一国的范围，管理不再仅为经济发展的结果而且给经济发展过程以巨大推力，这一切使管理理论和方法不断推陈出新，出现了旨在提高智力劳动者生产率的激励理论和分配方法，以及企业文化理论和企业形象管理方法，等等。

金融学原是经济学的一部分。信息革命造就了新经济，但新经济单有新技术的支撑而无新金融的孵化和扶持，是根本不可能萌芽和成长起来的。如果说科技是经济的第一生产力，那么金融可以说是经济的第一推动力。1990年诺贝尔经济学奖首次授予研究资产组合理论和金融市场均衡分析的三位学者，他们是马科维茨（Harry M. Markowitz）、米勒（Merton H. Miller）、夏普（William F. Sharpe），这使金融学名声大振。随后，1997年默顿（Robert C. Merton）和斯科尔斯（Myron S. Scholes）因研究期权价格获得诺贝尔经济学奖，又把金融学研究推进了一步。金融学从第一阶段的公司财务研究和第二阶段的资产定价研究，发展到第三阶段的金融行为研究。行为金融学日益成为金融研究的新热点。与金融学理论发展相伴随，以设计与实施旨在规避金融风险的金融衍生产品或服务为内容的金融工程及其研究迅速兴起。

经济学、管理学、金融学三者存在着紧密的联系，并在相互促进中共同发展。

就经济学与管理学的关系来说，我曾在2000年做过专门论述 。经济学跟数学、心理学一样，是管理学的基础之一，并为管理学提供分析方法如费用效益分析法等；而管理学使经济学更有力地转化为生产力，对经济学的实用化有着巨大作用。经济学和管理学还相互渗透、交叉与结合，且这种趋势越来越明显化，以至于出现了经济管理学和管理经济学。特别是跨企业组织、公司治理、经济预测、管理决策等许多问题的研究，兼有经济学与管理学的内容，具两栖性，难以分清究竟是纯粹的经济学还是纯粹的管理学，有时只是研究的角度和观点不同而已。有一种观点想以所采用的研究方法如文科方法还是理工科方法来区分是经济学还是管理学，这在经济学日益数学化、数量化、公理化、工程化的条件下也是行不通的。这样区分既不容易也无必要。1978年诺贝尔经济学奖得主西蒙既是美国的管理学家也是经济学家，他因“有限理性”和“决策程序”的开创性研究而获经济学奖，他认为“决策并不像传统微观经济理论假设的那样趋于最优，而恰恰是达到一个满意的结局，比如大家都寻求一个可接受的解决方案”。西蒙的名著《管理行为》第4版告诉人们：组织是如何影响人的行为的。

至于经济学与金融学的关系，其联系紧密程度不难从下面的类比中看出：它们不仅有共同的研究方法，如计算机模拟、非线性混沌分析、大样本数据实证检验，以及借鉴心理学原理的“临床诊断”研究方法等，还有类似的研究方向，如经济学中有实验经济学和行为经济学，同样在金融学中也有实验金融学和行为金融学。由于金融学与经济学的融合已产生了金融经济学。

最后，管理学与金融学的关系也越来越密切了。随着管理学日益介入金融研究，已出现了金融管理学、金融工程学。尤其像金融风险及其管理这一领域，目前几乎成了管理学研究大举进军的一块热土。但金融学对管理学发展的影响，一时还看不清楚。

四 信息社会经济学和管理学的发展尚需探索

国际社会公认未来的社会是信息社会。1995年2月，发达国家七国集团在布鲁塞尔召开部长级会议，讨论共同面向信息社会的问题。1996年5月在南非召开“信息社会与发展大会”部长级会议，进一步讨论发展中国家进入信息社会的问题。2000年7月在日本冲绳举行八国（七国集团加俄罗斯）首脑会议，通过了《全球信息社会冲绳宪章》。2002年12月又在日内瓦举办“信息社会世界峰会”，具体讨论到信息社会建设中全球互联互通的信息化统一标准等问题。我国政府派代表参加了其中的两次会议。虽然我国目前工业化任务尚未完成，仍处于工业社会，而且农业、农村、农民问题也没有从根本上解决好，但是党的十六大指出，“信息化是我国加快实现工业化和现代化的必然选择”，要“坚持以信息化带动工业化，以工业化促进信息化”，走新型工业化的道路，并明确要“形成全民学习、终身学习的学习型社会”。学习型社会正是信息社会的另一种称谓。积极推进国民经济和社会信息化，必然会实现社会转型，同时促进经济体制和增长方式的转型，最终迎来信息社会。这是同“全面建设小康社会”和“到21世纪中叶基本实现现代化，把我国建成富强民主文明的社会主义国家”相一致的。

信息社会的经济学和管理学，同工业社会的经济学和管理学相比，既有继承的一面又有发展的一面，继承中有发展，发展中也有继承，两者之间是不可能“砍一刀”而截然分开的，这正说明经济学和管理学是随着社会演进而与时俱进的。

从继承一面看，像经济学中企业制度、市场机制、政府干预、经济周期波动等，以及管理学中组织理论、经营理论、项目管理、质量管理方法等，这样一些基本原理和方法无疑会延续下去，并会有所扩充。

从发展一面看，无论是经济学还是管理学都会增添许多新内容，显示出它们的变异来。在理论上，由于信息和知识的重要性的凸显，经济学和管理学的内容必然会有根本性变化，明显可见的就有信息经济、知识经济、信息管理、知识管理等研究。目前人们在经济研究或管理研究中往往把注意力集中在“IT”的“T”（技术）上，但迟早会转移和聚焦到前一个字母“I”（信息）上去。在实践中，信息社会不同于工业社会给人类带来的重大变化之一，是在“物质世界”（physical space）之外又营造了一个现实的“虚拟世界”（cyberspace），也就是“数字世界”或“网络世界”。一切经济活动和管理活动均可“上网”，在另一个世界运作，使时间和空间对活动的限制降低到最小，而变成“实时”的、“零距离”的运作。这种“上网”“运作”又非物质世界的单纯映射，而有一定的变化和特点。因此，复杂的、多样化的网络经济研究、网络管理研究，成了经济学、管理学重要的新内容。上述理论和实践两个方面的变化，不可避免地还会引起或带动经济学和管理学其他相关部分的变化。

经济学和管理学伴随社会转型的发展才刚刚开始，有待进一步探索。怎么探索呢？比较可行的选择是从实践出发，按照国民经济和社会信息化工作的各个方面，开展对经济问题和管理问题的研究。例如：

（1）研究信息基础设施建设与运营中的经济问题和管理问题。

（2）研究信息技术在研制、生产、引进、推广和应用方面的经济问题和管理问题。

（3）研究信息资源（包括知识资源）在开发、存储、传播与使用方面的经济问题和管理问题。

（4）研究信息产业发展及其对国民经济影响的经济问题和管理问题。

（5）研究信息化所需各类人才的教育与培训方面的经济问题和管理问题。

（6）研究与信息政策及信息法规有关的经济问题和管理问题。

需要研究的问题很多。更艰巨的任务是在实际问题研究的基础上，经过归纳、提炼、综合、集成，上升为经济学和管理学的理论与方法。同时，还需要根据社会转型的环境变化，从理论、方法上直接来研究经济学和管理学的发展问题。

为使工业社会的经济学和管理学演变成信息社会的经济学和管理学，需有几代人前赴后继、孜孜以求，不畏艰苦地攀登陡峭的科学高峰。这样，一定有希望达到那个光辉的顶点，完成经济学和管理学两门重要学科与时代共进的历史任务。

（写于2004年8月20日，发表在《学术研究》2004年第9期，转载于《新华文摘》2004年第23期，先后于2004年9月19日国家信息中心博士后科研工作站学术报告会、2004年12月24日中国科技大学MBA／MPA百人报告会做报告，并在人民出版社2006年9月出版的《漫步思想丛林》一书中作为30余场精彩演讲之一的内容发表。后又收入经济管理出版社2007年出版的《纪念中国社会科学院建院三十周年学术论文集——数量经济与技术经济研究所卷》）

后　记

我目前是个“准盲人”，不能看书刊，虽然能写，但不会改。这篇文稿是由华侨大学经济与金融学院胡石清副教授（他是我的硕士生和博士生）和中国剪报社编辑王慧（她做过我的助手）帮我共同完成的。本文稿的第二部分“主要学术工作与成果”的第一点“创建数量经济学，为我国经济研究和管理工作运用数学方法与计算技术开辟道路”，以及第二点“创建信息经济学，为我国经济加强信息作用，发展信息经济（数字经济），消除信息非对称对经济活动产生的影响”，都是在我写好“提要”、提供文书资料、讲述有关故事之后，由胡石清撰写的，写完后他念给我听，再做些补充和修改。至于文稿的其他部分，是由我先“盲写”，由王慧辨认，念给我听，她标描清楚后，录入计算机，打印出来后再念给我听，加以修正后完成的。没有这两位同志的鼎力相助，付出辛勤的劳动，本文稿是不可能完成的 。我要特别感谢胡石清和王慧两位同志。至于文稿内可能出现的错误和不足，则全由我负责。

2018年3月16日